Gestão de
negócios turísticos

COLEÇÃO PRÁTICAS DE GESTÃO

Série
Turismo

Gestão de negócios turísticos

André Coelho

FGV | EBAPE
EDITORA
IDE
• online

Copyright © 2013 André Coelho

Direitos desta edição reservados à
Editora FGV
Rua Jornalista Orlando Dantas, 37
22231-010 | Rio de Janeiro, RJ | Brasil
Tels.: 0800-021-7777 | 21-3799-4427
Fax: 21-3799-4430
editora@fgv.br | pedidoseditora@fgv.br
www.fgv.br/editora

Impresso no Brasil | *Printed in Brazil*

Todos os direitos reservados. A reprodução não autorizada desta publicação, no todo ou em parte, constitui violação do copyright (Lei nº 9.610/98).

Os conceitos emitidos neste livro são de inteira responsabilidade do(s) autor(es).

Revisão de originais: Natalie Lima
Projeto gráfico: Flavio Peralta / Estudio O.L.M.
Diagramação: Ilustrarte Design e Produção Editoria
Revisão: Aleidis de Beltran e Fatima Caroni
Capa: aspecto:design
Imagem da capa: Leerobin | Dreamstime.com

Ficha catalográfica elaborada pela Biblioteca Mario Henrique Simonsen/FGV

Coelho, André Meyer
    Gestão de negócios turísticos / André Coelho. – Rio de Janeiro: Editora FGV, 2013.
    80 p. – (Práticas de gestão. Série Turismo)

    Inclui bibliografia.
    ISBN: 978-85-225-1435-9

    1. Turismo – Administração. 2. Planejamento estratégico. 3. Marketing de destinos. I. Fundação Getulio Vargas. II. Título. III. Série.

    CDD – 338.4791

Sumário

Apresentação 7

Capítulo 1. Conhecendo o mercado de turismo 9
    Era de transformações 9
    Turismo no Brasil 11

Capítulo 2. Estratégia e turismo 27
    Conceitos de estratégia 27
    Escolas de estratégia 31

Capítulo 3. Ambiente de negócios 33
    Investigando os ambientes externo e interno 33
    Ambiente interno 38
    Estratégia e inovação 42
    Economia da experiência 44

Capítulo 4. Empreendimento turístico no ambiente de negócios 53
    Destino turístico 53
    Tipo de negócio e seus objetivos 55
    Oferta e demanda 56
    Estudo de caso 59

Bibliografia 73

Sobre o autor 79

Apresentação

A Fundação Getulio Vargas (FGV) foi fundada em 1944 com o objetivo de contribuir para o desenvolvimento do Brasil, por meio da criação e da difusão de técnicas e ferramentas de gestão. Em sintonia com esse objetivo, em 1952 a FGV, comprometida com a mudança nos padrões administrativos do setor público, criou a Escola Brasileira de Administração Pública (Ebap). Em seus mais de 60 anos de atuação, a Ebap desenvolveu competências também na área de administração de empresas, o que fez com que seu nome mudasse para Escola Brasileira de Administração Pública e de Empresas (Ebape).

A partir de 1990, a FGV se especializou na educação continuada de executivos, consolidando-se como líder no mercado de formação gerencial no país, tanto em termos de qualidade quanto em abrangência geográfica dos serviços prestados. Ao se fazer presente em mais de 100 cidades no Brasil, por meio do Instituto de Desenvolvimento Educacional (IDE), a FGV se tornou um relevante canal de difusão de conhecimentos, com papel marcante no desenvolvimento nacional.

Nesse contexto, a Ebape, centro de excelência na produção de conhecimentos na área de administração, em parceria com o programa de educação a distância da FGV (FGV Online) tem possibilitado que o conhecimento chegue aos mais distantes lugares, atendendo à sociedade, a executivos e a empreendedores, assim como a universidades corporativas, com projetos que envolvem diversas soluções de educação para essa modalidade de ensino, de *e-learning* à TV via satélite.

A Ebape, em 2007, inovou mais uma vez ao ofertar o primeiro curso de graduação a distância da FGV, o Curso Superior em Tecnologia em Processos Gerenciais, o qual, em 2011, obteve o selo CEL (teChnology-Enhanced Learning Accreditation) da European Foundation for Management Development (EFMD), certificação internacional baseada em uma série de indicadores de qualidade. Hoje, esse é o único curso de graduação a distância no mundo a ter sido certificado pela EFMD-CEL. Em 2012, o portfólio de cursos Superiores de Tecnologia a distância diplomados pela Ebape aumentou significativamente, incluindo áreas como gestão comercial, gestão financeira, gestão pública e marketing.

Cientes da relevância dos materiais e dos recursos multimídia para esses cursos, a Ebape e o FGV Online desenvolveram os livros que compõem a Coleção Práticas de Gestão com o objetivo de oferecer ao estudante – e a outros possíveis leitores – conteúdos de qualidade na área de administração. A coleção foi elaborada com a consciência de que seus volumes ajudarão o leitor a responder, com mais segurança, às mudanças tecnológicas e sociais de nosso tempo, bem como às suas necessidades e expectativas profissionais.

Flavio Carvalho de Vasconcelos
FGV/Ebape
Diretor

www.fgv.br/ebape

Capítulo 1

Conhecendo o mercado de turismo

Neste capítulo, trataremos das principais considerações relacionadas a negócios turísticos no Brasil e identificaremos números da evolução do setor e o principal órgão regulador da atividade. Conceituaremos o ambiente regional, que certamente irá influenciar a condução de organizações de pequeno e médio portes. Discutiremos ainda as esferas teóricas que sustentam os conceitos propostos nesta publicação.

Era de transformações

O século XXI é o início de uma era de transformações muito mais rápidas e abrangentes do que as das épocas precedentes. Segundo Capra (2005), para que o indivíduo se prepare para a transição que se inicia, faz-se necessário um reexame das principais premissas e valores da cultura, de uma rejeição daqueles modelos conceituais que duraram mais do que sua utilidade justificava e de um novo reconhecimento de valores descartados em períodos anteriores da história. Este modelo de dinâmica cultural também se manifesta pelo convívio e pela divisão de conhecimento entre sociedades com posições geográficas, processos históricos de formação e costumes diferentes, que se aglutinam em virtude de fatores políticos, econômicos, profissionais ou de lazer.

> **FRITJOF CAPRA**
> Doutor pela Universidade de Viena, tem realizado pesquisas sobre física de alta energia em várias universidades americanas e europeias. Além de artigos sobre pesquisa técnica, tem escrito e lecionado sobre as implicações filosóficas da ciência moderna. Fundador do Instituto Elmwood, instituição internacional dedicada às novas visões ecológicas e às aplicações delas aos problemas sociais, econômicos e ambientais da atualidade.
> Autor de *O tao da física* e de *O ponto da mutação*.

O turismo aparece como interlocutor das culturas, costumes globais e modelos estratégicos de gestão da era contemporânea em função de sua característica socioeconômica: a produção de bens e serviços para o movimento temporário de pessoas em locais de destino distintos de seu local de morada. Assim, mostra-se como uma atividade estratégica para o novo século que se relaciona com todos os setores da economia mundial e rompe com os limites das riquezas geradas pelas múltiplas atividades e das fronteiras geográficas. A pesquisa acadêmica em turismo, por exemplo, cresceu muito nos últimos 10 anos devido ao fomento do setor e à necessidade de produzir material de análise que dê subsídios para o desenvolvimento do mercado de serviços em viagens. No Brasil, dados da Pesquisa Anual de Conjuntura Econômica do Turismo (Pacet VII) indicam que a corrente cambial do turismo apresenta histórico de crescimento desde 2003.

> **CONCEITO-CHAVE**
>
> Segundo Cooper (2001), o turismo é uma força central na economia mundial, uma atividade de importância e significados globais que inclui setores industriais e temas acadêmicos variados, mas que precisa ser estudada como um setor econômico em si, no qual se apresenta uma estrutura que possibilita a inserção de abordagens temáticas administrativas, estratégicas e industriais. Mesmo considerando que turismo seja um processo que envolva, basicamente, ciclos de atividade como transporte, hospedagem, alimentação e entretenimento, muitas podem ser as explicações que levam a definições de conceitos específicos para a área.

Para Beni (1998:46), o homem pode ser caracterizado como "sujeito do turismo", representando um tipo de negócio em que as proposições alteram não só o meio ambiente, como também a cultura e o comportamento dos indivíduos. Segundo Lage e Milone (2000), o turismo não pode ser definido apenas em conjunto com ideias de preservação ambiental e valorização cultural ou como um compêndio de atividades competitivas que, embora importantes, têm uma dimensão de conteúdo que somente se explica a partir de um entendimento global de mercado. Neste sentido, deve-se estudar as relações de interdependência do produto turístico, sua localização, sua adequação ao mercado competitivo e sua sustentabilidade. Assim é que se criam subsídios para os poderes públicos e privados identificarem a necessidade de investimento em infraestrutura e redistribuições fiscais que contribuam para o fomento das regiões e para a consolidação estratégica no futuro mapa dos destinos turísticos.

Na avaliação de Page (2011), o negócio turístico se caracteriza por um compêndio de negócios que cooperam, competem e produzem serviços ou produtos para consumidores regulares e esporádicos. Cada organização (grande, pequena ou média) cria riqueza por meio de alianças comerciais, negociações, fusões ou aquisições resultantes de um *know-how* específico do setor de turismo, tudo isso sem descaracterizar seu próprio processo estratégico, intrínseco a qualquer empresa. A aferição de condições ou características fundamentais na qual um resultado satisfatório assegure sucesso estratégico a um determinado destino é uma forma de contribuir para o desenvolvimento de regiões turísticas no concorrido mercado em ascensão.

CHRIS COOPER

Professor fundador e diretor da School of Tourism and Leisure Management da University of Queensland, Austrália. PhD pela University College de Londres, atua como consultor e pesquisador em diversas regiões do mundo. É coautor dos livros *Turismo: princípios e práticas* e *Educando os educadores em turismo*.

MARIO CARLOS BENI

Engenheiro civil, advogado, professor titular aposentado da Universidade de São Paulo, professor convidado de diversos programas de pós-graduação, mestrado e doutorado no país e no exterior, procurador autárquico aposentado. Membro da Academia Internacional de Turismo, da Academia Brasileira de Eventos e Turismo, da Associação Mundial de Experts em Turismo e da Associação Mundial de Formação Profissional em Hotelaria e Turismo. Membro efetivo do Conselho Nacional de Turismo (CNT), vice-presidente de Planejamento e Capacitação da Confederação Nacional do Turismo (CNTur) e reitor da Universidade Corporativa CNTur/Abresi. Graduado em ciências jurídicas pela Universidade Federal Fluminense, mestre em ciências sociais e políticas pela Fundação Escola de Sociologia e Política de São Paulo, doutor em ciências da comunicação pela Universidade de São Paulo e livre-docente em planejamento e desenvolvimento regional pela Universidade de São Paulo. Publicou *Análise estrutural do turismo* e *Política e planejamento de turismo no Brasil*, entre outros livros sobre turismo.

Turismo no Brasil

A economia brasileira tem registrado, nos últimos anos, taxas de crescimento expressivas se comparada a outras economias mundiais.

O crescimento da economia brasileira tem sido constantemente relatado como responsável pelo aumento do consumo interno e gerador de empregos no país. Neste cenário, o turismo desponta como uma área de infinitas possibilidades de desenvolvimento de negócios, desde que tratado como um setor estratégico de crescimento voltado para geração de recursos. Não devemos vê-lo apenas como um processo lúdico de um setor que promete muitos empregos e desenvolvimento local voltado exclusivamente para diversão e lazer em geral.

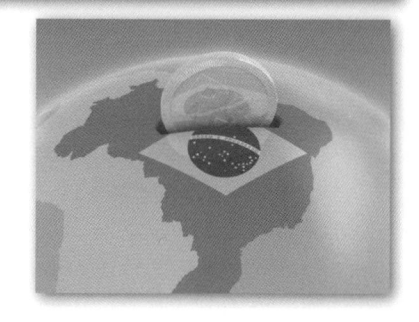

Os dados estatísticos indicam perspectivas favoráveis para os negócios em turismo. Segundo a Embratur, no que se refere ao número de desembarques, há uma tendência de crescimento contínuo do fluxo aéreo nacional e internacional, fruto de incentivo à atividade turística no país, o que interfere diretamente no desenvolvimento de outros setores econômicos. Segundo o instituto, chegaram ao Brasil, em 2010, 5.161.379 passageiros, o que equivale a um aumento de 7,5% em relação a 2009 (4.802.217 passageiros). Os turistas oriundos dos países da América do Sul foram responsáveis por aproximadamente 46% do fluxo do Brasil. Quanto aos desembarques nacionais, em 2011, constatou-se aumento de 15,8% em relação ao ano imediatamente anterior (o número de desembarques nacionais de passageiros somou 79.049.171). Segundo a Pesquisa Anual de Conjuntura Econômica do Turismo (Pacet VII), trata-se do melhor resultado de todos os tempos e, segundo o MTur, tais dados resultam, principalmente, do aumento da renda do brasileiro, do interesse em colocar o turismo entre as prioridades de consumo e das facilidades de acesso ao crédito no país.

GRÁFICO 1: BRASIL – DESEMBARQUE MENSAL DE PASSAGEIROS EM VOOS NACIONAIS (2010-11) E VARIAÇÃO PERCENTUAL ENTRE OS MESMOS TRIMESTRES DOS ANOS CONSECUTIVOS

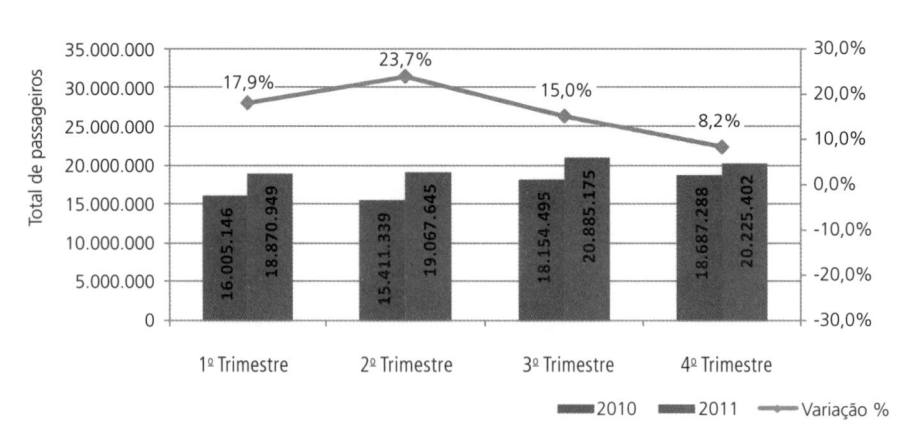

Fonte: Infraero.

Na opinião dos maiores executivos do setor de turismo, por meio da Pacet VII pode-se observar uma tendência de crescimento nos principais setores empresariais que atuam diretamente na cadeia produtiva, indicativo do aquecimento da indústria turística no mercado brasileiro. Em análise consolidada dos resultados da Pacet VII, pode-se verificar que, em 2011, 94% dos empresários do setor identificaram melhora no faturamento de seus negócios em comparação com o forte ano de 2010. Para o segmento de operadoras de receptivo, por exemplo, foi apontado que o aumento da renda e a facilitação do crédito permitiram o crescimento do número de pacotes de viagem. Este dado é positivo tanto para os grandes negócios quanto para os pequenos prestadores de serviços dos destinos procurados pelos turistas, e afeta diretamente a produção de renda e desenvolvimento das localidades turísticas, sendo importante para vários campos da atividade. Seus efeitos na produção, no emprego e também em termos de relação de troca de tecnologias de gestão também merecem ser destacados.

TABELA 1: EVOLUÇÃO DO FATURAMENTO EM TURISMO

Consolidado – Evolução do faturamento 2010-11, segundo os empresários do segmento de turismo				
Segmento de turismo	Aumento	Estabilidade	Diminuição	Saldo
Consolidado	**94**	**4**	**2**	**91**
Agências de viagens	66	16	18	48
Locadoras de automóveis	100	0	0	100
Meios de hospedagem	100	0	0	100
Operadoras de turismo	95	5	0	95
Organizadoras de eventos	100	0	0	100
Promotores de feiras	66	27	7	59
Transporte aéreo	100	0	0	100
Transporte rodoviário	90	10	0	90
Turismo receptivo	46	32	22	24

Fonte: Pacet VIII.

Este saldo positivo se refletiu na atitude dos empresários de ampliar o quadro de pessoal no ano de 2011, principalmente nos segmentos de agências de viagem, companhias aéreas e operadoras de turismo. Este resultado é interessante porque os custos com mão de obra formal no Brasil são historicamente condenados pelo setor privado como limitadores de crescimento. Entre os números de postos de trabalho nos negócios turísticos (+14,3% no resultado consolidado em 2011), destacam-se os seguintes:

- agências de viagens (+21,8%);
- operadoras de turismo (+18,1%);
- transporte aéreo (+17,7%);
- locadoras de automóveis (+14,0%);
- meios de hospedagem (+11,1%);
- turismo receptivo (-2,5%).

De acordo com resultados da pesquisa, há um forte consenso entre os empresários entrevistados quanto à expectativa de que o setor de turismo continue crescendo nos próximos anos. Este dado é indicativo do bom momento da atividade turística no Brasil do ponto de vista privado e pode ser utilizado como forma de respaldar a necessidade de constante preocupação com o setor. Certamente, o impacto do crescimento do turismo nas condições econômicas de cada negócio se manifesta de forma diferente, segundo características e tipicidade de cada realidade, e seria leviano achar que as estatísticas de crescimento reverberam por todas as partes. Para Rabahy (2003), nos países desenvolvidos, os impactos da atividade turística, em termos de efeito multiplicador dos negócios, tendem a ser mais significativos que nos países em desenvolvimento, assim como, do ponto de vista econômico, o turismo é, naturalmente, mais importante para países receptores do que para emissores. É fato que, no caso brasileiro, o turismo apresenta-se de forma destacada para a estratégia atual de desenvolvimento do país. Ainda que em condição primária, a atividade se constitui como força motriz para determinadas regiões, como importante geradora de emprego e divisas, sob o foco do desenvolvimento sustentado.

> **COMENTÁRIO**
>
> O tripé da sustentabilidade (economia, ecologia e equidade social) está projetado no desenvolvimento do negócio turístico como condição *sine qua non* de realização. Logo, as abordagens que tradicionalmente operacionalizam e reduzem o turismo a um conjunto de atividades ou transações econômicas entram em choque com as estruturas globais pós-modernas de valorização dos significados e conteúdos do turismo para os indivíduos. Assim, o tema não pode ser encarado nem a partir da imagem bucólica de pessoas viajando e conhecendo outros lugares, nem de um apanhado de negócios espalhados que não seguem diretrizes políticas gerais. Daí a importância de um órgão que dinamize as políticas públicas, de forma a articular as necessidades dos diversos atores, produzindo igualdade social, preservando o meio ambiente e gerando recursos econômicos, emprego e renda.

O campo de estudo referente aos negócios turísticos sofre de indefinições e fragilidades conceituais que precisam ser cuidadas a fim de se direcionar as políticas de ação direta para a promoção turística sem que haja interferência em outras instâncias. Segundo Cooper (2001), o tema inclui setores industriais e diferentes disciplinas acadêmicas, levando a questão a um nível de análise tal que fica difícil saber se é de fato tão diverso a ponto de ser considerado, separadamente, um tema ou um setor econômico ou se simplesmente possui uma série de variantes. A criação do Ministério do Turismo traz reconhecimento a um dos principais vetores de geração de emprego em um país com evidentes características de lazer, que podem gerar recursos significativos por meio dos diversos segmentos da economia envolvidos direta e indiretamente no setor. Ocorre então uma união entre os objetivos do *trade* para desenvolvimento dos negócios e as metas das esferas governamentais, segundo diretrizes do próprio ministério.

A existência de um órgão dinamizador da atividade turística era uma antiga reivindicação tanto dos empresários quanto das administrações públicas regionais, atendida somente em 2003. O setor, responsável hoje por um expressivo número de empregos formais em serviços, historicamente percebia suas atividades serem regidas dentro do aparato estatal por estruturas não exclusivas que, devido a essa natureza, acabavam por não dinamizar políticas específicas de promoção, regulamentação e fiscalização da indústria do turismo.

O Ministério do Turismo tem sua estrutura regimental determinada pelo Decreto nº 5.203, de 3 de setembro de 2004. O texto desse normativo estabelece, em seu artigo 1º, os assuntos de competência do ministério: "O desenvolvimento do turismo, promoção e divulgação do Brasil em âmbito interno e externo, incentivo ao desenvolvimento das atividades turísticas". Além desses assuntos, que dizem respeito à estruturação da base para o desenvolvimento da atividade, também são de competência do MTur duas atividades específicas: a gestão do Fundo Geral do Turismo e o desenvolvimento do Sistema Brasileiro de Certificação e Classificação das atividades, empreendimentos e equipamentos dos prestadores de serviços turísticos.

PAULO CESAR MILONE

Economista graduado pela Faculdade de Economia, Administração e Contabilidade da Universidade de São Paulo (FEA/USP), mestre e livre-docente pela FEA/USP, doutor pela ECA/USP e professor associado da FEA/USP. Atua como orientador de mestrado e doutorado em programas de pós-graduação *stricto sensu* na Universidade de São Paulo. Coordena o curso de especialização *lato sensu* em Economia do Turismo MBA/USP da Fundação Instituto de Pesquisas Econômicas (Fipe) na FEA/USP. É também coordenador de projetos do Núcleo de Turismo da Universidade de São Paulo (NT/UPS). É coautor dos livros *Turismo na economia: Coleção ABC do turismo*, *Economia do turismo*, *Turismo: teoria e prática* e *Propaganda e economia para todos*.

BEATRIZ HELENA GELAS LAGE

Economista graduada pela Faculdade de Economia, Administração e Contabilidade da Universidade de São Paulo (FEA/USP). Mestre, doutora, livre-docente e professora titular da Escola de Comunicações e Artes da Universidade de São Paulo (ECA/USP). Atua como orientadora de mestrado e doutorado em programas de pós-graduação *stricto sensu* na Universidade de São Paulo e é coordenadora do curso de especialização *lato sensu* em economia do turismo MBA/USP da Fundação Instituto de Pesquisas Econômicas (Fipe) na (FEA/USP). Também é coordenadora-geral do Núcleo de Turismo da Universidade de São Paulo (NT/UPS) e chefe do Departamento de Comunicações e Artes da ECA/USP. É coautora dos livros *Turismo na economia: Coleção ABC do turismo*, *Economia do turismo*, *Turismo: teoria e prática* e *Propaganda e economia para todos*.

Para a implementação de suas atividades, o MTur, além das divisões tradicionais que cuidam das questões de administração interna (Gabinete Ministerial, Secretaria Executiva e Consultoria Jurídica) conta com dois órgãos específicos singulares: a Secretaria Nacional de Políticas de Turismo e a Secretaria Nacional de Desenvolvimento do Turismo. Possui ainda um órgão colegiado, o Conselho Nacional de Turismo (CNT) e uma entidade vinculada: a Embratur.

Secretaria Nacional de Políticas de Turismo
À Secretaria de Políticas de Turismo compete o desenvolvimento de ações horizontais para a implementação das políticas referentes ao turismo, ou seja, ações de coordenação e articulação para a implementação do Plano Nacional de Turismo.

Secretaria Nacional de Desenvolvimento do Turismo
À Secretaria de Programas de Desenvolvimento do Turismo compete a execução de ações verticais no âmbito da política, ou seja, a implementação de ações que proporcionem o incremento da atividade no país, como o desenvolvimento de projetos que aumentem o investimento privado, a qualificação dos profissionais do setor e o estímulo à diversificação da oferta turística.

Conselho Nacional de Turismo (CNT)
Configura-se como um espaço que permite não apenas o debate, mas, principalmente, o estabelecimento de diretrizes para a resolução dos entraves que dificultam a consecução plena da Política Nacional do Turismo.

Embratur
A principal atribuição é a promoção do Brasil no exterior. Esta instituição já teve maior abrangência no território nacional, pois, antes da criação do MTur, era responsável pela regulação do turismo nacional, além da promoção do país no mercado internacional e da articulação com escritórios de outros países. Hoje, o instituto funciona nos moldes de uma autarquia[1] e trata exclusivamente da promoção do país nos mercados internacionais. Entre empresários e gestores de turismo em geral ainda é possível encontrar pessoas que façam confusão entre as atribuições da Embratur e do MTur, fato que, aos poucos, vem se modificando.

Para ajudar a certificar a coerência da estrutura das secretarias ministeriais e suas atribuições é preciso consolidar um conceito simples, mas que parece, por vezes, esquecido nas avaliações sobre turismo: enxergar o mercado de viagens como um compêndio de negócios. No turismo, assim como em todos os negócios, faz-se necessário consolidar custos e distribuir receita, ou seja, precisa-se gerar capital compreendendo o setor como uma área de base administrativa e econômica, que transita por diversas outras áreas acadêmicas. Logo, esse fato faz emergir a importância de uma estrutura de competências congruente com a dinamização da atividade turística, no sentido da atração de novos investimentos que permitam a geração de renda e desenvolvimento sustentável.

---

[1] Serviço autônomo, criado por lei, com personalidade jurídica, patrimônio e receita próprios, para executar atividades típicas da Administração Pública que requeiram, para seu melhor funcionamento, gestão administrativa e financeira descentralizada.

A análise histórica da organização governamental brasileira mostra que um ministério recém-criado nem sempre se perpetua por outros governos, principalmente se for de uma corrente política de oposição. Mas, uma vez comprovada a necessidade de um órgão para a gestão de uma política específica de geração de desenvolvimento sustentável, com grande potencial de geração de emprego e renda, e comprometida com as diretrizes governamentais, enxerga-se uma oportunidade para a definitiva incorporação do MTur à gestão pública nacional. Entre as várias ações desenvolvidas pelo MTur, desde sua criação, uma em especial tem relevância para as análises propostas por este estudo. A adoção de um modelo de organização dos negócios turísticos baseado no desenvolvimento regional, que vem ao encontro das demandas de novos modelos de negócio, geração de emprego, desenvolvimento tecnológico e preservação do meio ambiente, constantemente atreladas à indústria do tempo livre. A regionalização pretende ser a resposta mais sofisticada, em termos de resultados de gestão pública, no que diz respeito à sustentabilidade de uma atividade, sendo extremamente relevante para a realidade atual dos negócios turísticos.

Regionalização

O modelo de regionalização do turismo pode sustentar teoricamente a noção de que para gerir um negócio turístico é necessário conhecer o destino turístico desse mesmo negócio e saber que ele pode ir além das fronteiras municipais. Pensar o negócio turístico dentro de um modelo regional significa pensar turismo ambientalmente responsável, economicamente produtivo e socialmente equitativo. Ou seja, mais do que simplesmente subdividir o espaço geográfico, como o próprio nome sugere, a regionalização busca o equilíbrio deste tripé de sustentabilidade e, basicamente, procura fazer do país um compêndio de destinos turísticos que utilizem as divisas oriundas da atividade de lazer em prol da produção e distribuição de riqueza, promovendo a ação conjunta dos diversos atores da cadeia produtiva.

> **COMENTÁRIO**
>
> Uma questão relevante para o esclarecimento da proposta de regionalização diz respeito ao conceito de região. Para Sen (2000), uma região não é constituída somente de espaço, mas de tempo, história e liberdade dos agentes que compõem aquela unidade geográfica e, neste sentido, o conceito regional é dependente da ação do homem na condição de agente social. Por assim dizer, busca-se associar o tema a ações que podem ser realizadas e julgadas de acordo com valores e objetivos de uma determinada localidade, independentemente das avaliações de critérios externos. Deste modo, seguindo as diretrizes do MTur para a regionalização, ainda que a referência inicial para a definição de região seja de um espaço geográfico e inclua, de fato, aspectos propriamente físicos, materiais ou tangíveis – clima, topografia, infraestrutura –, dentro de uma perspectiva de sustentabilidade e liberdade dá-se ênfase às representações locais sobre o que é considerado "sua região".

> **AMARTYA SEN**
>
> Economista indiano, nascido em 1933. Foi professor na Delhi School of Economics, London School of Economics, Oxford e Harvard, além de ter sido reitor da Universidade de Cambridge. Fez parte da fundação do Instituto Mundial de Pesquisa em Economia do Desenvolvimento – Universidade da ONU.
> Recebeu o prêmio Nobel em Ciências Econômicas em 1998, pelas contribuições para a teoria da decisão social, e do *welfare state* – estado de bem-estar social. Entre suas obras constam *On economic inequality, On ethics and economics, Development as freedom* e *Freedom, rationality, and social choice: the arrow lectures and other essays*.

A ratificação do binômio homem-meio como dimensão primordial dos estudos de turismo sustentável valida o conceito regional, exaltador do indivíduo como membro do público e como participante das ações econômicas, sociais e políticas. Para Sen (2000), isso influencia numerosas possibilidades de gestão, desde questões estratégicas, como a generalizada tentação dos responsáveis pela política de sintonizar suas decisões empresariais de modo a atender os interesses de um público-alvo específico – e assim contentar o "segmento ideal" – até temas fundamentais como tentativas de dissociar a atuação dos governos do processo de fiscalização e rejeição democráticas. A região, portanto, transcende a organização geopolítica e passa a contemplar também o imaginário dos que vivem e sobrevivem naquele espaço. O negócio faz parte do espaço em que está inserido.

Com o objetivo de dar substância ao conceito regional, buscando uma unidade que pudesse ir ao encontro dos conceitos socioculturais e de sustentabilidade que balizam a atividade do lazer, entende-se que o uso da nomenclatura *destino* apresenta-se como solução para a união de propostas em torno do espaço e da sua relação com o homem. Assim, para fins de estudo de regionalização, o *destino turístico* desponta como um termo respaldado pela autonomia para definir não só um conjunto de lugares, territórios e culturas, mas também para formatar um modelo estratégico de venda dos diversos tipos de oferta turística como um só produto, um só destino turístico. Devido à condição sociopolítica de organização do modelo republicano de governo, a associação de um destino com uma unidade político-administrativa municipal ou distrital é facilmente compreensível. Porém, o conceito de regionalização está acima da divisão geopolítica. Não trata de unidades municipais, muito menos faz referência exclusiva à macrorregião em que se está inserido. É uma proposta voltada para o desenvolvimento do turismo e para os negócios de vários segmentos locais, envolvendo sociedade civil, empresários, gestores públicos e terceiro setor.

> **COMENTÁRIO**
>
> Para fins de regionalização do turismo, o destino passa a ser entendido como um conjunto de negócios, atividades turísticas, serviços e facilidades que dependem de boa infraestrutura de acessibilidade e locomoção, hospedagem, entretenimento, compras e gestão pública, dentro de uma mesma região, que pode ser composta de um ou mais municípios, mas que concentra traços semelhantes ligados à história local, clima, cultura ou outro aspecto relevante que caracterize as pessoas de tais localidades. Por assim dizer, não se busca mais a concentração de serviços em uma só unidade geográfica. Obviamente, um destino não deixa de ser composto por um conjunto de empresas, porém estas não (somente) competem diretamente entre si para atrair visitantes, mas buscam a união de forças para manter seus clientes dentro dos limites regionais turísticos.

O conceito regional permite que visitantes tenham experiências socioculturais diversas, que se alojem em um determinado lugar e desfrutem de passeios e compras em outros. A ideia é incentivar a circulação pelos diversos atrativos de uma região e fazer com que a riqueza gerada circule no espaço regional. Do ponto de vista estratégico, é uma proposta ousada e alinhada com conceitos pós-modernos de organização social e política. A estrutura entre as organizações envolvidas é de tamanha ordem que, em muitos casos, há atuações conjuntas, ou seja, tomadas de decisão que entrelaçam interesses particulares e objetivos de mercado de todo o sistema. Isto implica que tais inter-relações podem promover ações ou perseguir objetivos autônomos atuando por metas próprias e ao mesmo tempo serem negócios diversos atuando em favor de uma organização maior: o destino.

O assunto é relativamente novo tanto na agenda pública do turismo nacional quanto na pesquisa acadêmica de negócios em turismo. Para o primeiro caso, pode-se afirmar que o conceito é uma adaptação das fontes de desenvolvimento local, tema vastamente estudado na indústria propriamente dita e com ações correlatas na área de serviços, assim como em turismo. No que diz respeito aos estudos teóricos, pode-se encontrar forte relevância com modelos estratégicos ligados a redes de administração pública e privada. O campo interorganizacional é vastamente utilizado para buscar soluções socioeconômicas entre organizações e, para o caso da regionalização, aparece como forte interlocutor das fontes de *expertise* e motivação que referenciam o estudo do turismo regional. Assim, vários campos de estudo tornam-se relevantes como referências teóricas para o conceito regional que o turismo brasileiro está implantando. Uns versam basicamente sobre o conceito de desenvolvimento local e outros sobre os negócios e suas estratégias, formas de relacionamento em vendas e redes interorganizacionais. O entendimento destes temas dá subsídios para a compreensão das necessidades que passam a se delinear por meio do conceito de regionalização do turismo, bem como os processos de planejamento estratégicos integrados vinculados ao conhecimento de competitividade e desenvolvimento local.

O contexto de competição do mundo globalizado obriga o estabelecimento de processos eficazes de manutenção do status de *player* para qualquer sistema econômico. Segundo Mamberti e Braga (2004), este requisito está baseado na necessidade de reconhecer atividades estratégicas que permitam a ampliação de mercados e/ou representem a defesa à exposição competitiva.

ROBERTO BRAGA

Professor de diversas disciplinas nas áreas de contabilidade e finanças da FEA/USP. Doutor em administração de empresas pela FEA/USP, pós-graduado em contabilidade e finanças pela mesma instituição. Braga foi *controller* de diversas empresas, entre elas Banco Itaú, Indústria Votorantim e Eucatex. Publicou vários trabalhos científicos em revistas especializadas e o livro *Fundamentos e técnicas de administração financeira*.

COMENTÁRIO

A crescente complexidade dos conhecimentos tecnológicos em desenvolvimento, bem como sua incorporação na produção de bens e serviços, alavancam um conjunto de inovações técnico-científicas, organizacionais, sociais e institucionais que geram novas possibilidades de retorno econômico e social nas mais variadas atividades. No entanto, da mesma forma que este composto reapresenta um avanço no processo de construção, incrementa a distância entre os detentores do poder técnico-organizacional e os que têm acesso limitado a esse poder por razões financeiras, geográficas ou culturais, precisando, assim, se agrupar para competir em iguais condições de mercado.

Os estudos acerca do desenvolvimento local tratam justamente da representação dos aglomerados de atividades produtivas, localizadas em determinado espaço e desenvolvidas por organizações autônomas. Um exemplo disso é a estruturação de redes de empresas ligadas pela mesma cadeia produtiva. Fortemente dependentes e intensamente articuladas, formam, segundo Porter (2000), um ambiente de negócios onde prevalecem relações de recíproca confiança entre as diferentes partes envolvidas. Caracterizado por amplas relações intersetoriais, o turismo identifica, organiza e articula sua cadeia produtiva com o objetivo de desenvolver políticas públicas e privadas que colaborem integradamente para o seu desenvolvimento sistêmico. Com esse objetivo, aponta-se para a importância dos estímulos aos diferentes processos de aprendizado e de difusão do conhecimento, além das diversas formas políticas envolvidas, o que significa trabalhar com atores coletivos com olhar e ação sistêmicos, mobilizando a participação dos agentes locais e, ao mesmo tempo, garantir a coerência com as políticas do setor em nível regional e nacional.

Como qualquer atividade de serviço ou indústria, o turismo se insere no contexto de mercado respaldado por uma série de ações correlatas que podem ser agrupadas em uma cadeia e ajudar a explicar como determinada atividade se distribui. Por exemplo, três grandes *players* podem ser identificados na cadeia produtiva do turismo como relevantes para o funcionamento da atividade:

- operadoras;
- agências de viagem;
- clientes.

As operadoras são responsáveis pela composição de pacotes turísticos e negociam com outros atores como companhias aéreas, hotéis e receptivo local, por exemplo, tarifas especiais para operações de vários meses e pagam, em geral, à vista. Basicamente, compram a capacidade destes, formatam pacotes e encaminham para venda direta ou comissionada. Para vendas comissionadas, os agentes de viagem são os especialistas da cadeia produtiva. Recebem das operadoras suas ofertas para determinada temporada e trabalham para conquistar clientes em troca de percentual debitado do valor total pago pelo pacote turístico. Já os clientes são aqueles que buscam operadoras ou agências para realizar suas viagens pré-programadas e podem negociar diretamente com as formatadoras dos pacotes ou buscar auxílio de consultoria de agentes de viagens. É possível, ainda, negociar em separado com os demais atores da cadeia cada etapa de sua viagem, sem passar por nenhuma das articuladoras anteriores. Outros atores fazem parte da cadeia e também têm atuação relevante no desenvolvimento do turismo como um todo. Hotéis, restaurantes, locadoras de automóveis, agências de receptivo (que trabalham apenas com turistas que já estão no destino turístico) e empresas de transporte em geral, entre outros, também participam da atividade direta e indiretamente. A figura 1 busca visualizar esta cadeia.

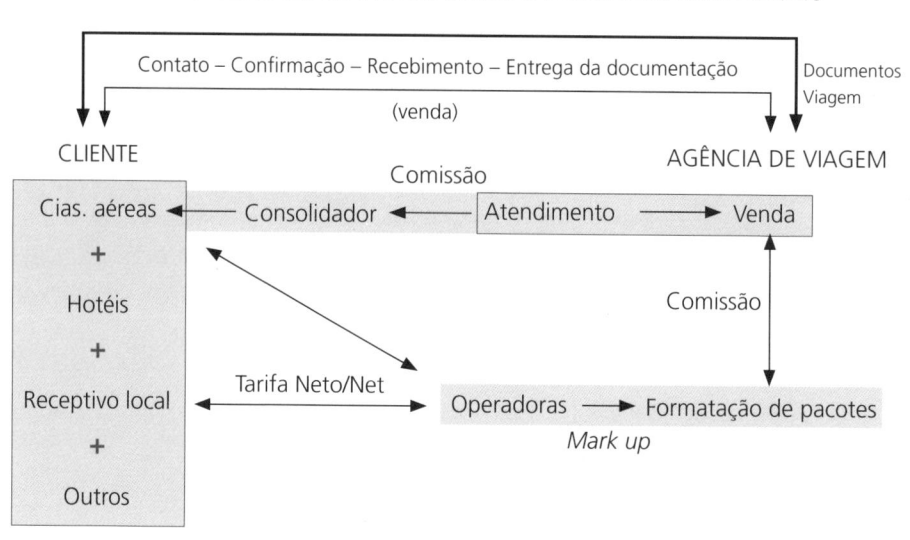

FIGURA 1: CADEIA PRODUTIVA DAS AGÊNCIAS E OPERADORAS NO TURISMO

```
         Contato – Confirmação – Recebimento – Entrega da documentação      Documentos
                                    (venda)                                   Viagem
    CLIENTE                                                        AGÊNCIA DE VIAGEM
                              Comissão
   Cias. aéreas  ◄── Consolidador ◄── Atendimento ──► Venda
        +
     Hotéis                                              Comissão
        +
  Receptivo local  ◄── Tarifa Neto/Net ──►  Operadoras ──► Formatação de pacotes
        +                                        Mark up
     Outros
```

Fonte: Associação Brasileira das Operadoras de Turismo (Braztoa).

Para os estudos em estratégia, considerando principalmente o desenvolvimento fomentado pelo turismo, é necessário entender que o desenvolvimento local aparece como justificativa para a utilização de arranjos produtivos e processos de produção integrada de serviços. O desenvolvimento local precisa ser considerado também um marco conceitual do modelo regional de produção.

> **COMENTÁRIO**
>
> O conceito de desenvolvimento como um todo ganhou força nos últimos 50 anos apoiando-se no crescimento econômico, mas aumentou sua área de abrangência nas teorias organizacionais mais recentes porque não dava conta de explicar, por exemplo, a queda nos índices sociais e ambientais, apesar da comprovada evolução monetária da sociedade. Sem abrir mão de sua complexidade, o conceito de desenvolvimento pode ser estudado em nível local sendo entendido como uma delimitação do território que, segundo Mamberti e Braga (2004), representa o espaço imediato dos acontecimentos mais simples e também mais complexos da vida cotidiana, uma instância local.

Dois planos de análise precisam ser conhecidos para se explicar o desenvolvimento local e os impactos do turismo em determinada região. O primeiro diz respeito ao conceito de desenvolvimento endógeno, ou seja, a mobilização de recursos e atores locais que estejam voltados para determinada atividade; o segundo refere-se ao controle público dos recursos de infraestrutura para o desenrolar da atividade e, concomitantemente ao anterior, até que ponto o desenvolvimento da atividade esbarra na responsabilidade da sustentabilidade. Para Lastres e Cassiolato (2003), novos formatos organizacionais privilegiam a interação e atuação conjunta dos mais variados agentes seja em formato de redes, arranjos ou sistemas produtivos e tendo como característica principal o processo de aprendizado coletivo, cooperação e dinâmica inovativa. Além disso, tais formatos detêm elevado potencial de mobilização e proteção dos patrimônios, capacitações e conhecimentos culturais e tácitos.

HELENA MARIA MARTINS LASTRES

Graduada em economia, mestre em engenharia da produção pela UFRJ e doutora em desenvolvimento, industrialização e política científica e tecnológica pela Universidade de Sussex. Além de pesquisadora titular do Ministério da Ciência e Tecnologia (MCT), e pesquisadora associada à Rede de Sistemas Produtivos Locais do Grupo de Inovação do Instituto de Economia da UFRJ, é também pesquisadora visitante da Universidade de Tóquio e da Universidade Pierre Mendés France.

JOSÉ EDUARDO CASSIOLATO

Graduado em economia pela Universidade de São Paulo, mestre e doutor pela Universidade de Sussex e pós-doutor pela Université Pierre Mendés France. Atualmente, é professor adjunto da Universidade Federal do Rio de Janeiro, professor convidado da Université de Rennes I e membro do comitê científico da Global Research Network on the Economics of Learning, Innovation and Compet.

O papel do poder público na organização e planejamento do desenvolvimento local se refere a promover a integração econômica e social, prevenindo os efeitos negativos do aporte descontrolado de visitantes, resultando em impactos ambientais predatórios, desenvolvimento de mercado informal e aculturação. Porém, o modelo de desenvolvimento local baseado exclusivamente na administração pública tem sido combatido por não dar conta de tecer todas as ações locais de desenvolvimento. Segundo Dowbor (1996), o poder público deve funcionar como um articulador e facilitador de ações, mas que só será eficaz quando representar um projeto de desenvolvimento aprovado pela sociedade, em parceria com o setor privado. Dentro deste princípio de colaboração público-privado, observa-se um novo tipo de organização que não se prende à questão geográfica, política ou econômica.

LADISLAU DOWBOR

Professor titular no departamento de pós-graduação da Pontifícia Universidade Católica de São Paulo, nas áreas de economia e administração. Consultor de diversas agências das Nações Unidas, governos e municípios, além de organizações do sistema S – Sebrae, entre outros. Conselheiro no Instituto Polis, Cenpec, Idec, Instituto Paulo Freire e outras instituições. Formado em economia política pela Universidade de Lausanne, Suíça, mestre em economia social e doutor em ciências econômicas pela Escola Superior de Estatística e Planejamento, de Varsóvia, Polônia. É autor e coautor de cerca de 40 livros, entre eles *Formação do Terceiro Mundo* e *O que é capital?*.

COMENTÁRIO

A regionalização aparece como articuladora de produtos característicos de um determinado grupo de atores da cadeia turística, e pode ser amplamente utilizada para atender às particularidades da localidade. A conexão entre o modelo regional de gestão do negócio turístico e o desenvolvimento local promove o êxito das atividades localizadas e o planejamento de médio e longo prazos. Tais propostas não se dão por simples associação de modelos de gestão, mas estão conectadas a conceitos formais de relacionamento em redes e baseiam-se, teoricamente, nos diferentes graus de formalização.

O processo de implementação e elaboração de políticas públicas envolve diferentes níveis governamentais, órgãos administrativos, empresários e outros atores com interesses diretos e indiretos, constituindo o que hoje se denominam redes de política pública. A estrutura dessas interações tem relação com a eficácia das ações políticas e a eficiência de suas implementações para o desenvolvimento dos negócios locais. Cada ação de política pública gera sua organização própria de interessados e participantes, que passam a se relacionar entre si por dependências financeiras ou administrativas, distinguíveis entre si por cortes de atuação pública ou privada. A filiação de cada ator de uma rede justifica-se também por este binômio onde seus interesses podem variar de acordo com a função econômica ou de serviço, com seu território, com sua relação cliente-grupo ou com o tipo de assessoramento que exerce em cada modelo de rede. Reforçamos que as redes em geral são oriundas de relações sociais ou comerciais entre atores múltiplos que se bastam a si mesmos, partindo de um movimento endógeno de construção e transformação de quadros de referência que dão sentido e coerência às suas ações.

As vantagens deste modelo moderno de atuação não se limitam a uma maior concentração de atores no tratamento de cada ação, incluindo uma descentralização do processo decisório que, assim, passa de uma realidade centralizada para um tipo mais heterogêneo de tomada de decisão. O objetivo plausível de cada etapa decisória passa a ser de responsabilidade da organização diretamente atuante em tal situação, enquanto toda a rede continua funcionando.

COMENTÁRIO

Basicamente, as redes estreitam os laços entre organizações, mobilizam atores nos espaços informais de discussão sobre os problemas de um determinado setor e fecham estes espaços com ações voltadas para um determinado objetivo, permitindo articulações entre várias ordens sociais locais e regionais, transcendendo as organizações públicas (serviços e órgãos) e privadas (conselhos deliberativos, empresas e associações). Segundo Massadier (2003) as redes tratam da origem da compreensão de como atores de origens diferentes, com interesses e lógicas de ação diferentes, mas que atuam em relações de troca e parceria, transcendem o binômio público-privado.

A rede interorganizacional expressa um padrão de interação na forma de um grupo de organizações que atua conjuntamente a fim de alcançar objetivos próprios ou coletivos, ou resolver problemas de um cliente-alvo ou setor. Para Cavalcanti (1998), as organizações assim atuantes orientam-se não apenas para seus objetivos internos, mas também para os objetivos externos, ou seja, da política em geral. Mantêm relações sistemáticas e, às vezes, padronizadas com suas congêneres, no que diz respeito à sua atuação sobre a região a ser desenvolvida ou o recurso a ser gerenciado. Demonstram ainda grande conhecimento das funções e responsabilidade de cada uma no que se refere ao problema e manifestam elevado grau de consenso em relação à política em vigor, bases fundamentais de relações integradas.

A emergência de relações entre organizações é uma resultante dos processos de liderança e de articulação interdepartamental da segunda metade do século XX (Van de Ven, 1980). Os atores da cadeia buscam atuação coordenada para resolver problemas complexos e atingir objetivos comuns. Suas relações interorganizacionais surgem da necessidade de interação das fontes de recursos, informação e atuação na política direta.

No caso específico da rede interorganizacional, o autor destaca quatro dimensões que captam a essência estrutural. Essas dimensões se aplicam ao presente estudo para validação da existência de um arcabouço teórico que justifique o futuro posicionamento competitivo de um negócio turístico inserido em um destino turístico:

Formalização

Apresenta-se como o grau de regulamentações, políticas ou processos que delimitam o papel de cada organização na rede, seja na amplitude das regras ou processos, seja na quantidade de burocracia a que determinados membros da rede estejam sujeitos para a operação do sistema.

Complexidade estrutural

É definida pela diversificação, representada não só pelo número de operadores da rede como também pelo seu tipo de atuação no mercado em geral.

Centralização

Divide-se em dois aspectos básicos: a tomada de decisão e o acesso às informações. O primeiro diz respeito aos tipos de autoridade na rede em questão e o segundo refere-se aos tipos de relação entre as organizações no que tange às informações e suas fontes.

Intensidade

Força da rede interorganizacional propriamente dita. Foi identificada por Marret (1971 apud Van de Ven, 1980) como indicativo do investimento das organizações nas relações interorganizacionais.

O modelo organizacional dos negócios turísticos distribui suas funções nas várias relações conjuntas de operação. Os atores da cadeia turística podem se relacionar em uma estrutura complexa, que se estrutura em rede, com objetivos específicos regulamentados pela política liderada pelo setor público e pelas entidades paralelas, como sindicatos e associações de classe. A pluralidade e o foco democrático da política de consolidação do negócio turístico estão identificados na natureza, nos objetivos e nas características organizacionais. Logo, o conceito de gestão integrada, em substituição aos modelos burocráticos simples sem articulação de processos decisórios, ao dar conta das relações interorganizacionais, sugere novos caminhos para a construção de teorias e estratégias de reforma administrativa para qualquer organização, inclusive em negócios turísticos (Cavalcanti, 1998). Estes se diferenciam não apenas pelos objetivos da política regional, mas pela sua configuração, em uma rede interorganizacional regionalizada, que aumenta a capacidade de proporcionar o acesso ao destino como um todo e aproxima a região (e seus empresários) de modelos estratégicos que resultam da reunião de fatores competitivos já existentes, e que poderão se resumir em um planejamento de médio e longo prazos para desenvolvimento da região como destino turístico competitivo.

Capítulo 2

Estratégia e turismo

Neste capítulo discutiremos o conceito de estratégia, com o objetivo de fazer uma ponte teórica entre os conceitos abordados introdutoriamente e os objetivos de conceituar o negócio turístico propriamente dito. Veremos que o relacionamento das ciências de administração com a indústria do lazer há muito vem sendo incentivado pelos meios públicos e privados da gestão turística como forma de profissionalizar definitivamente a área, consolidar campos de estudo e cobrir as necessidades estratégicas do turismo. Constataremos que esse relacionamento perpassa a gestão de negócios turísticos e envolve abordagens de gestão pública e planejamento integrado.

Conceitos de estratégia

Para Rabahy (2003), o turismo integra estratégias gerais de desenvolvimento em nível local e nacional, e seu papel vai depender da importância que apresenta para o local de destino, obtendo, portanto, posição de maior ou menor destaque como atividade produtiva de recursos e modelos de gestão de mercado. Para o caso do Brasil, o tema já se insere nas mesas de planejamento de muitos destinos dependentes desta atividade geradora de recursos, o que implica envolvimento de setores públicos e investimento em infraestrutura e serviços básicos para a realização da atividade. Logo, o estudo da estratégia em turismo, perpassa o conceito empresarial tradicional e envolve abordagens de gestão pública e planejamento integrado.

WILSON ABRAHÃO RABAHY

Economista brasileiro. Professor titular da Universidade de São Paulo, pesquisador da Fipe/USP, prestador de serviços do Sindetur-SP e da Fundação Instituto de Pesquisas Econômicas.
Graduado em economia pela Pontifícia Universidade Católica de São Paulo, especializado em Curso de Treinamento em Problemas do Desenvolvimento pelo Centro de Estudos Para a América Latina, mestre e doutor em ciências da comunicação pela Universidade de São Paulo, PhD pela Universidade de São Paulo. Fez cursos de aperfeiçoamento em ciências econômicas e em ciências da comunicação pela Universidade de São Paulo.
Escreveu livros de grande referência na área de turismo, tais como *Turismo e desenvolvimento: estudos econômicos e estatísticos no planejamento* e *Planejamento do turismo: estudos econômicos e fundamentos econométricos*.

> **COMENTÁRIO**
>
> Pensar estratégia em turismo significa sintonizar diversos ambientes e tipos de negócio, em um mercado em constante mutação, frágil por conta da perecibilidade dos produtos que oferece, mas extremamente dinâmico no que diz respeito às possibilidades de negócios e serviços. Faz-se necessária então uma abordagem horizontal dos conceitos de estratégia, escolas de pensamento e balizadores gerais do tema, com leve direcionamento para os negócios da indústria do lazer, como forma de fomento aos estudos sobre turismo com foco em planejamento estratégico.

A estratégia ou "disciplina gerencial plena" tornou-se componente indispensável do processo de planejamento das empresas em função de um cenário de competição intensificada (Montgomery e Porter, 1998:73). Demonstrou ser um conceito integrador das funções da organização que impulsionam a gerência a ultrapassar a abordagem por segmento. Suas origens no campo empresarial remetem à necessidade de buscar a adequação da organização ao seu ambiente, levando em conta as competências e os recursos que a distinguem e a busca de tal singularidade como condição primordial de sucesso na competição. Estudar as condições econômicas que afetam o ambiente das empresas, por exemplo, é fonte relevante de informação e alimenta a construção da estratégia. De particular importância é o conhecimento da estrutura do setor industrial: a análise do posicionamento da empresa no setor em que compete ofereceria a base explicativa mais consistente para o seu desempenho.

Para Henderson (1990), as origens e as afinidades do termo estratégia podem ser entendidas como a "busca deliberada de um plano de ação para desenvolver e ajustar a vantagem competitiva de uma empresa", com o objetivo de "aumentar o escopo de sua vantagem, o que só pode acontecer se alguém perder com isso". Assim, a vantagem, no limite, estaria baseada na diferença e essa, por sua vez, se imporia diante da disputa por recursos escassos.[2] A estratégia é, portanto, o planejamento da competição voltado para a sobrevivência e, como injunção inevitável, a derrota dos competidores.

Porter (1989) busca uma abordagem focalizada no setor industrial e suas etapas analíticas propõem, em primeiro lugar, a identificação do setor industrial no qual atua a empresa e a investigação das "forças subjacentes" que poderão afetar o desempenho, em vez de um tratamento limitado a indicadores financeiros genéricos. Em segundo lugar, ele sugere a investigação das forças competitivas que se manifestam na cadeia de valor como componentes a serem considerados na construção da estratégia. O autor desloca

---

[2] A analogia darwinista é sugerida por esse autor para descrever as injunções da competição sob uma perspectiva estratégica: "competidores que conseguem seu sustento de maneira idêntica não podem coexistir – tanto nos negócios quanto na natureza" (Henderson, 1998:4). Assim, duas empresas operando sob as mesmas condições não podem coexistir.

o foco exclusivamente do concorrente para uma referência mais abrangente, que inclui a inserção da empresa no seu setor, contemplando: clientes, fornecedores, potenciais entrantes no setor e produtos substitutos. Em terceiro, Porter analisa a opção entre estratégias genéricas de posicionamento da empresa, entre as quais o enfrentamento direto de concorrentes é somente uma das possibilidades.

MICHAEL PORTER

Licenciado em engenharia mecânica e aeroespacial pela Universidade de Princeton, concluiu seu doutorado em economia empresarial pela Harvard University, onde passou a lecionar com apenas 26 anos.
Foi conselheiro na área de estratégia em muitas empresas norte-americanas e internacionais. Tem um papel ativo na política econômica. De seu trabalho, resultaram os conceitos de estratégia que marcaram a disciplina, como a análise de indústrias em torno de cinco forças competitivas e as duas fontes genéricas de vantagem competitiva – diferenciação e baixo custo. Em *The competitive advantage of nations*, Porter alargou essa análise às nações, lançando o célebre modelo do diamante.

BRUCE HENDERSON

Fundador da Boston Consulting Group. Graduou-se em engenharia mecânica pela Universidade de Vanderbilt em Nashville – Tennessee, antes de ir para a Harvard Business School. Trabalhou na área de planejamento estratégico na General Electric e como consultor na Arthur D. Little. Henderson criou diversos modelos empresariais, tais como a curva de experiência – responsável por provar que os custos diminuem à medida que a empresa adquire mais experiência – e a matriz BCG – mecanismo utilizado para comparar o crescimento de um mercado com a cota de mercado de uma empresa.

COMENTÁRIO

A sobrevivência da empresa depende essencialmente da adoção da estratégia mais adequada à sua inserção no setor no qual atua com destaque e às perspectivas vislumbradas nesse campo. Segundo Porter, é preciso levar em conta os seguintes fatores:

- custo, consistindo na produção a custo mais baixo;
- diferenciação do produto, por meio da oferta de um mix diferente de características;
- especialização de produto, distinguindo-o dos competidores, seja por custo, seja por suas características, para ocupar um nicho único de mercado.

Porter considera a sequência do estudo da competitividade como fator essencial para o sucesso de estratégias de mercado e, neste sentido, para ele a aquisição de vantagem competitiva é o coração da performance de mercado de uma empresa ou grupo, criando e sustentando modelos estratégicos que resultem em lucro e sobrevivência. Em seu modelo tradicional de estratégia, o autor propõe a análise da rivalidade e competitividade do mercado estudado, segundo a seguinte divisão:

- ameaças de novos entrantes;
- ameaça de produtos ou serviços substitutos;
- poder de barganha dos fornecedores;
- poder de barganha dos clientes.

Já para outro autor, Pankaj Ghemawat (1991), entender estratégia significa saber diferenciar vantagens sustentáveis das contestáveis, considerando, no primeiro caso, aquelas que sejam replicáveis pela concorrência e, no segundo, aquelas efetivamente singulares, que asseguram um posicionamento de liderança para a empresa. Mas seu argumento é flexível, a ponto de admitir que mesmo vantagens contestáveis podem proporcionar benefícios temporários.[3] Além disso, a concorrência pode estar apoiada em sua capacidade. Para o autor, são fatores que podem conduzir à construção de vantagens sustentáveis:

- porte do nicho de mercado visado e, consequentemente, a obtenção de vantagens de escala, de escopo e de experiência na introdução de inovações;
- acesso privilegiado a recursos estratégicos, como *know-how*, insumos e mercados;
- existência de restrições que afetem a ação dos concorrentes, em virtude de políticas governamentais, da necessidade de se defender contra ataques à sua liderança e da incapacidade de resposta tempestiva a ameaças.

PANKAJ GHEMAWAT

Graduado em matemática aplicada pela Harvard College, obteve seu PhD em economia pela Harvard University. Atuou como consultor na McKinsey & Company, em Londres, antes de entrar como professor da Harvard Business School, onde foi reconhecido como o professor titular mais jovem na história da HBS.
Hoje, atua como professor de estratégia global na Iese Business School e de administração de empresas na Harvard Business School. Seus ensinos e suas pesquisas atuais baseiam-se em globalização e estratégia, temas que o levaram a desenvolver um curso de MBA. Autor de livros como *Commitment, games businesses play* e *Strategy and the business landscape*, foi eleito *fellow* da Academy of International Business, pelo seu trabalho na área.

---

[3] "Os gerentes não podem ignorar vantagens contestáveis. Para começar, mesmo jogadas que ofereçam vantagens efêmeras talvez valham a pena serem feitas, pelo menos para evitar uma desvantagem competitiva" (Ghemawat, 1991:39).

> **COMENTÁRIO**
>
> O estudo da estratégia, segundo Fontes Filho (2006), compreende o levantamento de situações com o objetivo de traçar ações que levem empresas, grupos ou setores a adquirir vantagem competitiva em seus mercados e, consequentemente, auferir lucro destas ações. Certamente não se pode identificar um modelo estratégico que funcione para todas as empresas ou setores. A satisfação das necessidades dos clientes pode ser um pré-requisito generalizado para todas as organizações, mas, por si só, não é suficiente para definir como capturar recursos disponíveis entre os compradores nem para determinar, por exemplo, em que tipos de produto se deve investir mais e quem vai ficar com que fatias de mercado.

A necessidade de aplicar e estudar a noção de estratégia em administração passou a ser sentida no momento em que se percebeu a acentuação das mudanças sociais, econômicas e políticas nos diversos ambientes de negociação (Motta, 2003). Uma maneira de se entender as diversas modalidades estratégicas adotadas no mercado é estudar as escolas de pensamento que delimitam do ponto de vista dos modelos de articulação e planejamento as muitas ações de empresas, governos e grupos produtivos. Alguns modelos de classificação de escolas de estratégias podem ser observados na literatura administrativa. Para este trabalho, a taxonomia proposta por Mitzberg (2000) adequa-se aos propósitos de formalização de conceitos de estratégia com as questões de competitividade em turismo, fazendo que, mesmo a partir de uma perspectiva limitada, seja possível ter um panorama das diversas possibilidades de gestão estratégica na indústria do lazer.

> **PAULO MOTTA**
>
> PhD e mestre em administração pública pela University of North Carolina (EUA). Bacharel em administração pela Ebap/FGV. Consultor de empresas de instituições públicas e internacionais como a ONU, o Banco Interamericano de Desenvolvimento e o Instituto Internacional de Empresas Públicas – Iugoslávia. Professor visitante da Universidade de Manchester (Inglaterra); do HEC Management (França); da Universidade de Macau (China); e do Instituto Nacional de Administração (Portugal). Conferencista e consultor em diversos países. Autor de livros e artigos publicados no Brasil e no exterior.

Escolas de estratégia

Segundo Mintzberg (2000), existe uma tendência de se descrever um estrategista como um ser maior, que se coloca numa posição de decisão, dotado de grandes ideias e norteador dos trabalhos das equipes que executam tais ideias. Na verdade, não se pode definir o trabalho de um executivo desta forma, há de se considerar que grande parte deste trabalho envolve pequenos detalhes como entendimento da cultura local/empresarial, desenvolvimento de contatos estratégicos, negociações de posição e observância constante do mercado de concorrência. Como já visto, em turismo, por exemplo, há um peso significativo para o gestor no que diz respeito ao conhecimento do seu ambiente regional, ou seja, das potencialidades estratégicas do destino turístico em que está inserido.

Definir estratégias é muito mais do que seguir o padrão tradicional de norteamento de um ponto futuro e alocação de objetivos e metas para alcançar este momento almejado. Considerações sobre estratégias como plano, guia ou outro termo equivalente não são mais suficientes para posicionar organizações estrategicamente em seus mercados no século XXI. Para Mintzberg (2000), estratégia é uma dessas palavras que regularmente define-se de uma forma, mas frequentemente usa-se de outra.

Mitzberg classifica 10 escolas de pensamento em três grandes grupos, conforme relação a seguir:

Escolas prescritivas

Mostram-se mais preocupadas com a forma com que as estratégias são pensadas. Também conhecidas como clássicas, tendem a separar o planejamento da estratégia. Faz parte de grupo, por exemplo, a Escola de Posicionamento, fundamental para se trabalhar a relação dos ambientes externo e interno.

Escolas descritivas

Mostram-se mais preocupadas em estudar como as estratégias são formuladas, assim como o processo de execução propriamente dito. Tendem a buscar um elemento competitivo que faça diferença no mercado e entendem o aprendizado empresarial como fator-chave para emergir em passos curtos no mercado. Faz parte deste grupo a Escola de Poder, que trata a formulação da estratégia como um processo de negociação, seja por grupos conflitantes dentro de uma organização, seja pelas próprias organizações, enquanto confrontam seus ambientes externos.

Escola prescritiva e descritiva

Exerce função relevante na composição teórica das matrizes porque consolida vários elementos de escolas anteriores e insere o conceito de posicionamento estratégico baseando-se na capacidade de adaptação ao mercado, ou seja, nas mudanças estratégicas. É representada pela Escola de Configuração.

Capítulo 3

Ambiente de negócios

Neste capítulo trataremos das principais questões relacionadas ao ambiente de negócios, destacando as condicionantes que podem interferir na gestão de uma empresa turística e, consequentemente, no seu posicionamento em sua região de atuação. Nossos estudos de ambiente interno e externo neste capítulo não esgotarão toda a teoria sobre estratégias de gestão de ambiente organizacional, mas servirão de referência para novas pesquisas setoriais.

Investigando os ambientes externo e interno

Quando se investiga a análise ambiental busca-se identificar as principais atividades, ocorrências, referências econômicas ou políticas que possam interferir na execução da estratégia da empresa. Segundo Fontes Filho (2006), o ambiente representa o *conjunto de fatores, tendências e forças, externas e internas à organização, que podem impactar a ação gerencial*. Pode-se dividir estrategicamente o ambiente de negócios em três conceitos:

Macroambiente externo

Este é o ambiente composto por variáveis relacionadas à economia, demografia, legislação, costumes locais, estrutura política e social e infraestrutura geral. Estas variáveis poderão ou não ter relação com a estratégia proposta para o negócio, mas compõem o ambiente geral de atuação da organização.

Ambiente externo de negócio

Composto pelas variáveis ou resultantes de investigação do ambiente competitivo de um determinado negócio em sua área de atuação. Estas variáveis terão relação direta com a estratégia proposta para o negócio.

Ambiente interno

Composto pelo conjunto de estudos das características internas de uma empresa, ou seja, valoriza a necessidade de que a empresa conheça a si mesma, suas qualidades e defeitos, características e problemas. Segundo Fontes Filho (2006), é o ambiente das questões que estão acessíveis à ação de seus administradores.

Adaptando o conceito de ambiente ao turismo, pode-se exemplificar cada um dos três elementos propostos anteriormente, seguindo as taxonomias (estruturas) propostas por Page (2011), Porter e Fontes Filho (2006). Basicamente, pode-se entender que o ambiente interno está mais sob controle da gestão do negócio do que as variáveis de ambiente externo. Neste sentido, ao se analisar o segundo grupo, é necessário estar atento para as informações que terão maior relevância para a estratégia do negócio e elencar dados positivos e negativos também.

JOAQUIM RUBENS FONTES FILHO

Graduado em engenharia de produção pela Universidade Federal do Rio de Janeiro, possui MBA em controladoria pela Universidade de São Paulo. É mestre em administração pública pela Ebape/FGV, mestre em engenharia de produção pela Coppe/UFRJ e doutor em administração pela Ebape/FGV.

Professor da Escola Brasileira de Administração Pública – FGV. Atuou como membro do Conselho de Administração da Invepar, Linha Amarela e Concessionária Litoral Norte, e do Conselho Fiscal da Belgo-Mineira e Caemi. Ex-gerente de Planejamento Estratégico da Previ e assessor da presidência no Banco do Brasil. Atuou também como professor-visitante do doutorado em administração da Universidad Andina Simon Bolívar, no Equador. Foi professor em cursos de especialização de diversas instituições nas áreas de planejamento estratégico, teoria das organizações e governança corporativa, e foi membro fundador e ex-diretor do Instituto Publix para o Desenvolvimento da Gestão Pública.

É autor de diversos artigos premiados em congressos acadêmicos e profissionais. Avaliador de artigos dos Encontros da Academy of Management, Cladea, Enanpad, Encontro de Estudos em Estratégia, e Ibero-American Academy of Management, entre outros, e das revistas *ADM MADE*, *Revista de Administração* (USP), *Cadernos Ebape* e *Revista Portuguesa e Brasileira de Gestão*.

QUADRO 1: ESTUDO DO MACROAMBIENTE EM TURISMO
= FONTES GERAIS + FONTES PARA TURISMO

Variável	Fontes gerais	Fontes para turismo
Econômica (PIB, câmbio, taxa de juros, políticas tributária e fiscal)	Boletim econômico do Banco Central Boletim econômico do IBGE	Boletim econômico do Banco Central Boletim econômico do IBGE Pesquisa de conjuntura econômica do turismo Boletim de desempenho econômico do turismo
Sociocultural (índices de alfabetização, níveis de escolaridade, estrutura socioeconômica e política)	IBGE Cidades Ministério da Educação Ministério do Planejamento Secretaria de Educação Municipal	IBGE Cidades Ministério da Educação Secretaria Municipal de Turismo Estudo de Competitividade do Turismo
Estrutura demográfica	IBGE Cidades Ministério das Cidades Secretarias estaduais de planejamento	IBGE Cidades Ministério do Turismo (dados e fatos)[4] Estudo de competitividade do turismo
Estrutura política (governança pública, instituições de classe, ONG)	Secretarias estaduais Secretarias municipais Sindicatos locais Associações de classe locais	Associações de classe com trabalhos em turismo Secretaria Municipal de Turismo Ministério do Turismo (dados e fatos)[5] Estudo de competitividade do turismo

Diante dessas variáveis e suas fontes, cabe aos gestores do negócio turístico avaliar suas perspectivas e se prepararem para aproveitar as oportunidades. Cabe ressaltar que pequenas e médias empresas não devem desconsiderar o uso de variáveis de macroambiente para dar suporte às suas estratégias de negócio, pois tendências demográficas de uma região turística ou variações no fluxo de veículos e no trânsito podem interferir na disponibilidade ou não dos clientes de procurarem um determinado produto de lazer.

O ambiente externo está diretamente ligado à capacidade competitiva de um determinado negócio. Em turismo, por exemplo, pode-se avaliar o ambiente competitivo por meio de investigação sobre serviços semelhantes ou complementares dentro de uma mesma região. Para dar continuidade à conceituação de modelos estratégicos em adaptação ao turismo, pode-se utilizar um dos modelos de Michel Porter, conhecido como Modelo das Cinco Forças. Para este, não é apenas o ambiente de concorrência que faz um determinado negócio ampliar sua capacidade competitiva. O Modelo de Porter pode ser representado como na figura 2:

---

[4] Disponível em: <www.turismo.gov.br>.

[5] Disponível em: <www.turismo.gov.br>.

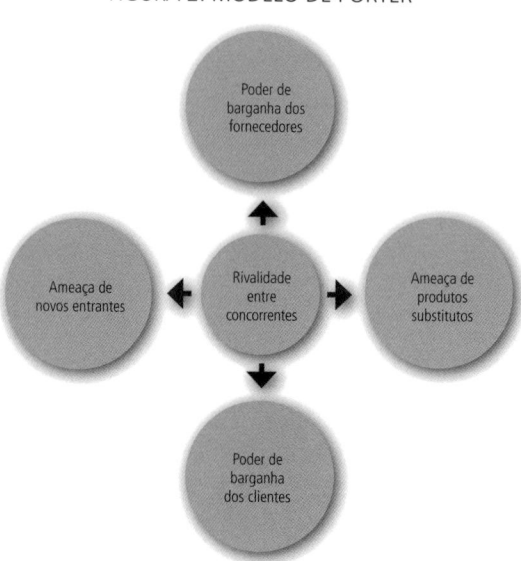

FIGURA 2: MODELO DE PORTER

- Poder de barganha dos fornecedores
- Ameaça de novos entrantes
- Rivalidade entre concorrentes
- Ameaça de produtos substitutos
- Poder de barganha dos clientes

A rivalidade entre os concorrentes representa um item de grande relevância para os gestores, pois trata das condições de competição direta em um mercado como, por exemplo, o dos materiais utilizados em produtos semelhantes, os tipos de produtos ou serviços oferecidos, o marketing de venda e o controle de pós-venda etc. Por meio da rivalidade e da competição direta é que, em geral, as empresas mexem em suas margens de lucros e disputam preços agressivamente em um mesmo mercado.

EXEMPLO

Em turismo, pode-se citar como exemplo um determinado destino de turismo de sol e praia onde se praticam passeios de barco. Em geral, um conjunto de barqueiros (às vezes membros de uma mesma associação) disponibiliza o serviço de passeios náuticos e a tendência nacional é que todos os passeios, apesar de serem feitos por empresas diferentes, tenham o mesmo conteúdo de atividades e os mesmos serviços e produtos a oferecer. Se um determinado operador passar a oferecer uma vantagem de preço ou serviço, imediatamente os demais concorrentes se mobilizam para cobrir a oferta e oferecer o mesmo produto aos clientes.

Poder de barganha dos clientes

Os compradores dos produtos têm forte poder de decisão na estratégia de um negócio, pois, por meio de suas escolhas, um determinado negócio se expande ou se reposiciona. Mais qualidade, menor preço e maior variedade nas opções de compra são exemplos de pressões exercidas por clientes que interferem diretamente no negócio. No mercado turístico não é diferente: como clientes, os turistas têm a possibilidade de escolher serviços que primem pelo conforto, pela segurança ou pelo preço.

Em atividades de ecoturismo e turismo de aventura, por exemplo, é muito comum encontrar clientes buscando mais informações sobre certificação de segurança dos equipamentos utilizados por operadores e basearem sua tomada de decisão na escolha por aqueles que estejam melhor preparados tecnicamente.

Poder de barganha dos fornecedores

Este item é relevante para todos os negócios e possui grande influência em pequenas e médias empresas. A capacidade de boas estratégias de negociação com fornecedores pode influenciar diretamente a margem de lucro de uma empresa. Fornecedores de matérias-primas, materiais industrializados e serviços secundários têm capacidade de ajudar os gestores a prover melhores produtos e serviços aos seus clientes. Podem inclusive participar do planejamento de ampliação dos negócios com sugestões de novos insumos ou do custo dos fatores de produção em relação ao preço de venda do produto.

Empresários de turismo representam um exemplo de bom relacionamento com fornecedores. Uma pousada instalada em um local de difícil acesso pode contar com serviços de transporte em carro 4x4, músicos de cantatas noturnas, guias de ecoturismo, fornecedores de frutas e legumes orgânicos, entre outros, que proverão uma gama de serviços aos clientes da pequena hospedagem como valor agregado a um ticket médio ou alto.

Ameaça de novos entrantes

Este caso é relevante para os negócios que se prospectam em um determinado nicho com a certeza de que têm exclusividade de produto ou serviço. Rapidamente, uma empresa concorrente poderá se estabelecer ou criar um serviço semelhante que fará com que a rentabilidade do produto ou serviço original seja afetada. Logo, é importante que os gestores tenham sempre alternativas ou barreiras que dificultem ou inviabilizem a concorrência de tirar seus melhores clientes. Políticas governamentais, escalas de produção e custos de transição de produtos também são fatores que envolvem a relação com novos entrantes.

A ameaça de novos entrantes pode ser analisada no cenário do turismo rural. Uma determinada fazenda, por exemplo, passa a oferecer serviços de hospedagem e visitas às suas áreas de produção como forma de atrair visitantes ao modelo lúdico de vida no campo. A ideia se mostra excelente até que outras fazendas ou até empreendimentos menores passem a fazer o mesmo e oferecer diferentes tipos de produtos, dentro do mesmo conceito lúdico. Em geral, o número de visitantes não se altera significativamente para que haja mercado para todos os fazendeiros, fazendo com que os serviços tenham dificuldade de prosperar.

Ambiente interno

O ambiente interno se caracteriza pelo conjunto de características à disposição dos gestores da empresa, sendo resultado das qualidades e defeitos de uma organização. Diz respeito a aspectos como infraestrutura, serviços, recursos humanos e equipamentos. Uma empresa de hospedagem em turismo que não possui um bom site na internet, por exemplo, apresenta uma deficiência grave em relação aos seus concorrentes. Já empresas que possuam um sólido sistema de relacionamento com clientes podem se destacar com significativa vantagem competitiva por poderem "conversar" com seus clientes da forma que melhor lhes convier.

Há diferentes formas de se investigar o ambiente interno de uma empresa e uma das mais utilizadas é a análise de competências essenciais. Este conceito foi desenvolvido por C.K. Prahalad e Gary Hamel em um artigo da *Harvard Business Review* (1990:79-91). Segundo os autores, são condicionantes essenciais do negócio que fazem com ele seja único. Uma competência essencial pode ter vários formatos, ou seja, pode ser uma condição técnica, um *know-how* específico, uma relação especial com clientes ou fornecedores etc.

Em turismo podem-se encontrar exemplos de empresas com competências essenciais em vários subsegmentos, mas destacam-se os negócios de agenciamento de viagens. Neste, a empresa adquire vantagem competitiva no mercado quando estabelece um bom sistema de gestão de preferências de viagens de seus clientes e passa a oferecer pacotes específicos em um período de tempo favorável ao comprador, de forma a fidelizá-lo. Para o cliente, esta estratégia representa uma preocupação a menos com suas viagens anuais, pois, como conhecedor do serviço da agência, passa a confiar nas sugestões de pacotes e não precisa fazer busca de mercado.

> **COIMBATORE KRISHNARAO PRAHALAD**
>
> Indiano naturalizado americano, conhecido como C. K. Prahalad. Doutor em administração por Harvard e professor titular de estratégia corporativa do programa de MBA da Universidade de Michigan, é o atual conselheiro do governo indiano para empreendedorismo e também autor de livros muito procurados. É considerado o mais influente pensador do mundo dos negócios. É autor de *The multinational mission: balancing local demands and global vision* e do *best-seller Competindo pelo futuro*, escrito com Gary Hamel e publicado em 20 idiomas. *O futuro da competição* e *A riqueza na base da pirâmide* também se tornaram, rapidamente, grandes sucessos de vendas, e são algumas de suas obras mais recentes. Muitos de seus artigos foram publicados nos mais importantes jornais e revistas do mundo, e receberam diversos prêmios, como o McKinsey Prize – melhor artigo do ano, entre os publicados na *Harvard Business Review* –, o prêmio de melhor artigo da década, entre os publicados no *Strategic Management Journal* e no *European Foundation for Management Award*.

Segundo Fontes Filho (2006), a questão principal não se refere apenas ao que a empresa faz bem, mas sim ao atributo que o consumidor valoriza, levando a empresa a entrar em novos mercados. A ideia central do conceito é que a expansão das organizações se dá no sentido de aproveitar inclusive a existência de novos mercados, que podem ser atendidos pelo desdobramento, em produtos ou serviços, de uma das competências essenciais que possua.

> **GARY HAMEL**
>
> Professor de administração estratégica internacional na London Business School. Possui experiência como consultor, tendo prestado consultoria a empresas no mundo inteiro, como Rockweel, Motorola, Alcoa, Nokia, EDS, Ford e Dow Chemical.

O quadro 2 destaca exemplos de negócios turísticos e suas competências na percepção do cliente.

QUADRO 2: NEGÓCIOS E COMPETÊNCIAS

Tipo de negócio em turismo	Competência	Percepção do cliente
Lonely Planet (Guias de turismo)	Autonomia e atualização	Realidade condensada do destino procurado. Aprovado por outros viajantes.
Hotéis Marriott	Eficiência em gerenciamento de relacionamento com o consumidor	Hotelaria mais próxima do ambiente de casa.
TAM Viagens	Interface com transporte aéreo	Segurança na gestão e logística da viagem.

As competências se desenvolvem, em geral, a médio e longo prazos como resultado de aprendizado da empresa e sendo confirmadas por meio de um modelo simplificado em três itens:

- **Avaliação de mercado**: neste caso, é importante avaliar se determinada competência vem sendo desenvolvida por outros competidores no mercado ou se há risco de alguns concorrentes adquirirem a mesma capacidade em curto espaço de tempo.
- **Avaliação da percepção do cliente**: esta avaliação identifica se o cliente reconhece que determinado tipo de competência é uma vantagem estratégica para se manter fiel ao negócio.
- **Avaliação de expansão**: uma vez consolidada a competência é possível expandi-la? É possível utilizar em outros produtos? É possível melhorá-la?

EXEMPLO

Pode-se fazer referência à Região da Uva e do Vinho, na cidade de Bento Gonçalves. Esta é uma conhecida região de extensão da Serra Gaúcha, muito forte turisticamente nos segmentos de cultura (incluindo enoturismo[6]) e ecoturismo. Ao identificar competências essenciais para a criação de uma pequena pousada junto a uma vinícola familiar, depara-se com o seguinte quadro:

Tipo de negócio	Avaliação de mercado	Avaliação da percepção do cliente	Avaliação de expansão
Pousada em vinícola familiar	Existência de negócios semelhantes na região, principalmente para público de alto poder aquisitivo.	Oportunidade de ficar hospedado em uma vinícola e experimentar a atividade turística em todos os sentidos. Alto grau de exigência de serviços.	Dada a existência de outros empreendimentos e a necessidade de investimento agressivo para captação de público específico, a expansão do negócio é considerada de risco.

Diferentes escolas de pensamento estudam as diversas formas de avaliar seus negócios e novos autores surgem com artigos que reorganizam o pensamento do ambiente interno. Dentre os diferentes tipos de estudos adicionais de ambiente, pode-se citar a estratégia empresarial baseada em recursos, RBV (sigla em inglês para *resource based view*), proposta por Jay Barney ou a matriz BCG (sigla em inglês para Boston Consulting Group). Na primeira, entende-se que o conjunto de competências e recursos de uma empresa defi-

---

[6] Alguns autores preferem não considerar o enoturismo um segmento, mas uma extensão do segmento cultural. Para fins de estudos de estratégia na região em questão, este termo se aplica com precisão.

ne seu diferencial competitivo. Já a segunda distribui os recursos entre a taxa de crescimento do mercado de atuação e a participação da empresa no mesmo. Nesse sentido, é possível fazer simulações sobre os modelos apresentados e verificar os diferentes formatos de resultados que se pode ter para um mesmo negócio turístico em um mercado específico.

Uma vez entendidas as diferentes formas de identificação de recursos internos e externos que impactam direta ou indiretamente o negócio, deve-se estudar um modelo muito conhecido para identificação de resultados de análises ambientais: a matriz SWOT, ou, em português, matriz Fofa (Forças, Oportunidades, Fraquezas e Ameaças). Esta ferramenta analisa simultaneamente os ambientes interno e externo e pode ser composta a partir de diferentes formas de priorização. O preenchimento da matriz pode ser feito, por exemplo, por meio de minisseminários de estratégia entre os principais interessados no negócio e, se possível, consumidores de produtos semelhantes. Cabe ressaltar que esta forma de preenchimento da matriz não inviabiliza a utilização de modelos quantitativos de priorização, dependendo do grau de complexidade e do tamanho do ambiente de negócio a ser investigado.

> **MATRIZ BCG**
>
> Também chamada de matriz de portfólio de produtos/serviços ou unidades de negócios. Utilizada para situar um produto, um serviço, uma unidade de negócios, em comparação a outros produtos, serviços, unidades de negócios dentro da mesma empresa ou grupo de empresas e tendências, para definição de objetivos e estratégias.

> **MATRIZ SWOT**
>
> Ferramenta utilizada para fazer análise de cenário – ou análise de ambiente. Serve como base para a gestão e para o planejamento estratégico de uma corporação ou empresa, mas pode, devido a sua simplicidade, ser utilizada para qualquer tipo de análise de cenário, desde a criação de um blog à gestão de uma multinacional.
> A técnica é creditada a Albert Humphrey, que liderou um projeto de pesquisa na Universidade de Stanford nas décadas de 1960 e 1970, usando dados da revista *Fortune* sobre as 500 maiores corporações.
> O termo SWOT é uma sigla oriunda do idioma inglês e é um acrônimo de:
> - *strengths* – forças;
> - *weaknesses* – fraquezas;
> - *opportunities* – oportunidades;
> - *threats* – ameaças.

A matriz SWOT (Fofa) é composta de quatro quadrantes, dois para ambiente externo e dois para o ambiente interno. O quadrante a seguir pode ajudar o entendimento deste modelo de avaliação estratégica.

QUADRO 3: MATRIZ SWOT (FOFA)

	Oportunidades	Ameaças
Ambiente externo	Oportunidades, em geral, são vantagens existentes ou adquiridas pela organização.	Em geral, são espelhadas nas oportunidades e tratam da possibilidade de concorrentes conseguirem superar as vantagens estratégicas.
Ambiente Interno	**Forças (pontos fortes)**	**Fraquezas (pontos fracos)**
	Recursos de vantagem competitiva da organização.	Recursos de desvantagem competitiva da organização.

Utilizando o exemplo visto, sobre a condução de um negócio de hospedagem familiar na região turística da Uva e Vinho tem-se:

QUADRO 4: MATRIZ SWOT (FOFA) – MODELO APLICADO

	Oportunidades	Ameaças
Ambiente externo	Desenvolver publicidade direcionada a público-alvo específico; Desenvolver pacotes turísticos integrados.	Concorrência de grandes empreendimentos (vinícolas); Disputa de preços com concorrentes compromete a viabilidade do negócio.
Ambiente interno	**Forças (pontos fortes)**	**Fraquezas (pontos fracos)**
	Disponibilidade de acesso aos produtores de vinho (produção familiar); Hospedagem tradicional de pousada com bom padrão de qualidade.	Pouca disponibilidade para relacionamento com o cliente; Pouca parceria com operadores locais.

A matriz SWOT, no entanto, não se mostra responsável por responder com precisão todos os pontos fortes e fracos em um universo de oportunidades possíveis para um determinado negócio. Porém essa ferramenta é um dos instrumentos que melhor identifica, de forma qualitativa, a visão estratégica de uma empresa. Como se pode observar, a composição de avaliações sobre o ambiente interno e externo de um negócio turístico pode ser primordial para a alocação de estratégias de expansão, o posicionamento da empresa, as análises de processos, a eficiência de venda e a criatividade para composição dos produtos (serviços), entre outras atividades possíveis. O ideal é discutir outras formas de composição de uma SWOT, experimentando variações sobre diferentes tipos de negócios turísticos.

Estratégia e inovação

Fatores ambientais, externos e internos como a entrada de novos empreendimentos, a imposição de novas legislações, a descontinuidade de um produto ou a desatualização de um processo de venda podem ser responsáveis por um novo posicionamento ou mudanças de estratégia de um negócio. Em turismo, o grau de competitividade de um empreendimento pode estar diretamente ligado à sua capacidade de oferecer melhores serviços/produtos a preços competitivos, seja para venda como produto final, seja para a venda juntamente com operadores. Neste sentido, a inovação ganha relevância na obtenção de vantagem competitiva em uma determinada região turística. A inovação no ambiente competitivo deve levar ao crescimento da lucratividade, maior sobrevivência de um serviço ou produto ou até à liderança de mercado. Segundo Page (2011), parte da produção acadêmica de inovação em turismo é originária dos trabalhos de Schumpeter (1952). Seu modelo de tipos de inovação se aplica muito bem ao setor de serviços.

JOSEPH ALOIS SCHUMPETER

Economista do século XX, nascido na Áustria, em 1883. Começou a lecionar em 1909, na Universidade de Czernovitz – hoje na Ucrânia – e, três anos mais tarde, na Universidade de Graz. Em março de 1919, assumiu o posto de ministro das Finanças da República Austríaca, permanecendo por poucos meses nessa função. Em seguida, assumiu a presidência de um banco privado, o Bidermannbank de Viena, que faliu em 1924. A experiência custou a Schumpeter toda sua fortuna pessoal e deixou-o endividado por anos. Depois dessa passagem desastrosa pela administração pública e pelo setor privado, decidiu voltar a lecionar, dessa vez, na Universidade de Bonn. Nos anos seguintes, viajou pelos Estados Unidos e pelo Japão, mudando-se, em 1932, para Cambridge – Massachusetts (EUA), onde assumiu uma posição docente na Universidade de Harvard. Permaneceu ali até falecer, em 8 de janeiro de 1950.
Foi um dos maiores economistas de sua época, sendo o criador da teoria da destruição criativa – que afirma e difunde a ideia de que o sistema capitalista progride por revolucionar e inovar constantemente sua estrutura econômica.

Para os autores, o desafio maior do gestor de serviços consiste em entender as diferentes formas de difusão de um negócio na sua área de operação, promovendo soluções rápidas para problemas corriqueiros ou gerar ideias que façam diferença no modelo operacional de um negócio turístico. São exemplos de boa condução de inovação em turismo:

- introdução de um novo tipo de negócio (exemplo: hotel boutique);
- introdução de um novo método de produção (exemplo: hotel pago por hora);
- criação de uma nova atividade turística (exemplo: turismo rural e enoturismo);
- fornecedores com diferencial (exemplo: serviços de restaurante que só utilizam comida orgânica local);
- criação de uma nova atividade (exemplo: aviação de baixo custo).

Para alguns estudiosos do tema, a inovação acontece de forma quase natural, ou seja, o ambiente competitivo por si só já seria incentivo suficiente para que os negócios se movimentassem em uma constante revisão de posicionamento. Para Page (2011), os gerentes do século XXI precisam entender que inovação está no potencial de se melhorar o ambiente de negócios e a relação cliente-organização, adicionando valor aos negócios sem perder de vista características como criatividade, experiência e dependência do destino, fatores intrínsecos ao turismo.

> **DICA**
>
> No ambiente de negócios, a inovação não pode ser desconectada de fatores externos e internos e deve ser entendida por todos os membros de uma organização. Para Page (2011), o processo de implementação de um novo conceito no negócio turístico deve passar pelos seguintes estágios:
> - invenção;
> - aplicação;
> - adoção;
> - difusão (incluindo implementação e operação).

Para o turismo, a inovação consiste em uma solução para que o setor evolua constantemente. Sendo direcionado por diferentes tendências e, principalmente, pelo comportamento de seus consumidores, o negócio turístico se adequa muito bem a estes conceitos e pode se beneficiar da constante necessidade de novas experiências almejadas pelos visitantes de um destino. A competitividade de destinos turísticos é marcada por sua habilidade de atração de consumidores cada vez mais demandantes de atrações que estimulem seus sentidos e sua relação com uma experiência diferenciada. A busca pela inovação vem ao encontro deste ambiente competitivo e faz com que os empreendimentos se diferenciem pelos seus serviços e pela relação destes com o reconhecimento dos compradores fidelizados e a atratividade de novos clientes. A inovação pode ser um tema frequente para os gerentes de negócios turísticos, principalmente de pequenas e médias empresas. Na busca por melhores produtos e melhores experiências, essa é uma maneira de estar sempre um passo à frente da competitividade de destinos e negócios.

Economia da experiência

Por ser uma atividade muito voltada para a experiência adquirida em uma determinada viagem, o setor de turismo desponta como palco para um estudo que pode caracterizar uma forma de impulsionar o processo de desenvolvimento de um destino e, ao mesmo tempo, conferir evolução ao conceito da indústria do lazer.

A economia da experiência ganha espaço neste trabalho e justifica-se por ser uma proposta que promove uma nova sensação ao cliente, a ponto de fidelizá-lo ao negócio e levá-lo, muitas vezes, a pagar mais caro para ter um serviço diferenciado, resultando em um fator positivo de competitividade para determinada região.

A economia da experiência funciona como uma alternativa para a competitividade estratégica, à frente dos conceitos de oferta e demanda, baseados em valores que, oriundos dos tempos de produção em massa, se apoiam demasiadamente no binômio menor custo e menor preço (Pine, 1994), promovendo, ainda, o crescimento econômico aliado à informação em forma de serviços, produtos ou experiência propriamente dita. Para o turismo, a economia da experiência representa uma nova forma de articulação entre as constantes mudanças de mercado, o crescimento tecnológico e a satisfação das necessidades dos clientes. Neste sentido, reconhecer a experiência como um modelo econômico distinto pode ser um fator-chave para o crescimento dos negócios em turismo no século XXI. Neste sentido, significa andar na contramão das teorias econômicas que enxergam as próximas décadas como um período com déficit de mão de obra e crise no mercado de trabalho por conta do desenvolvimento tecnológico. Mais do que isso, representa descobrir, nas atividades econômicas, amplas oportunidades de geração de riqueza e emprego por meio de especificidades que fazem com que os clientes paguem para não ter um produto ou serviço comoditizado, mas sim customizado, e que lhes proporcione sensações não disponíveis em nenhuma outra opção. O turismo aparece como grande interlocutor do binômio trabalho-desenvolvimento (Verma, 2007). Segundo Pine (1999), os negócios que entenderem esta nova relação com o cliente se protegerão das forças de comoditização, criando, portanto, um novo valor econômico.

> **JOSEPH PINE II**
>
> Consultor e autor da obra *Customization: the new frontier in business competition* e coautor de *The experience economy: work is theatre & every business a stage*.

> **ROHIT VERMA**
>
> Professor de Gestão de Operações de Serviços da School of Hotel Administration e diretor-executivo do Center for Hospitality Research.
> Editor acadêmico do CHR's managerial report series, editor associado do *Journal of Operations Management*, editor sênior do Production and Operations Management e membro do conselho editorial do *Journal of Service Research*.
> PhD e M.S. pela University of Utah, B.Tech. pelo Indian Institute of Technology.
> Suas pesquisas de interesse incluem novo produto/serviço de design, gestão da qualidade e melhoria de processos e operações/marketing de questões inter-relacionadas.
> Publicou mais de 50 artigos em revistas de negócios, entre eles "New issues and opportunities in service design research".

A aversão à uniformidade dos produtos ou serviços de uma empresa, muito comum na indústria do lazer, é uma premissa para essa nova fonte de valor, a experiência. Para Poulsson (2004), esta se traduz como um quarto setor da cadeia de valor econômico, distinta de serviços, assim como este difere da produção industrial.

> **COMENTÁRIO**
>
> Quando uma pessoa paga por um serviço, compra uma série de atividades que serão realizadas em seu nome. No caso da experiência, adquire-se uma série de eventos memoráveis que a afetam de uma maneira particular. Desta forma, uma empresa deixa de oferecer simplesmente produtos e passa a lidar com sensações, heranças culturais ou opções pessoais. O valor econômico desta relação não está só na conquista ou fidelização do cliente, mas na valorização de um mesmo produto por conta de sua condição especial para aquele determinado cliente. Enquanto o ato de fabricação de uma determinada experiência se extingue, seu efeito não se dissipa, ao contrário, se perpetua em sua memória.

Em termos de posicionamento competitivo, Pine e Gilmore (2000) propõem a análise da progressão de valor econômico da experiência, um modelo evolutivo cujas variáveis são o aumento de diferenciação, a relevância e o preço. Partem então da divisão tradicional das atividades de mercado em *commodities*, bens de consumo e serviços, e acrescentam a experiência, composta por uma capacidade de diferenciação ainda mais alta e pelo grau de relevância para o cliente a preço *premium* (ver figura 3).

FIGURA 3: PROGRESSÃO DE VALOR ECONÔMICO

Fonte: Pine e Gilmore (2000).

Ao utilizar esse modelo, os autores destacam que a experiência não vem alterar as leis de oferta e demanda e afirmam que as empresas que falham em providenciar experiências consistentes supervalorizam seu preço ou superestimam seu campo de atuação, estando certamente mais suscetíveis a pressões financeiras e/ou de demanda. Outra controvérsia que poderia ser criada em relação ao conceito de experiência seria o de confundi-la com entretenimento, o que não a confirmaria como setor econômico. Por se tratar de um tema muito próximo da atividade de entretenimento, é comum atrelá-lo a negócios que lidam exclusivamente com o lazer, mas a experiência pode acontecer em todas as áreas, até com produtos que, inicialmente, seriam *commodities* (Verma, 2002). A proposição de que experiência não é simplesmente o ato de entreter clientes, mas de engajá-los no processo (Pine e Gilmore, 1998; Pine e Gilmore, 2000) redimensiona a experiência em seu devido grau de importância e abrangência.

> **JAMES H. GILMORE**
> Cofundador da *Strategic Horizons*. Bacharel em economia pela University of Pennsylvania's Wharton School. É professor visitante de administração de empresa na University of Virginia's Darden Graduate School of Business Administration. Trabalhou na Procter & Gamble e foi sócio da Computer Sciences Corporation. Coautor de *Authenticity: what consumers really want* e *The experience economy: work is theatre e every business a stage*.

Como a economia da experiência versa sobre o atendimento às necessidades dos clientes e a superação de suas expectativas, muitos podem argumentar que esta prática não é novidade no mercado. O que se observa, no entanto, é o aprofundamento destas premissas por meio do detalhamento e da operacionalização da experiência. Para a operacionalização ser congruente, torna-se essencial sua delimitação temática, estabelecendo um tema que mexa com o senso de realidade do cliente e trabalhando com noções de forma, múltiplos espaços e tempo, de maneira integrada e alinhada com a operação do negócio (Pine e Gilmore, 1998).

Ainda sobre o aspecto da operacionalização da experiência, observa-se uma constante em que atender e surpreender clientes não significa somente criar novos produtos ou vislumbrar a inovação constante, mas avaliar as preferências individuais e surpreender esses clientes com produtos que já existem, mas passaram por adaptações para serem consumidos de forma diferente (Pine, 1999; Pine e Gilmore, 1998; Verma, 2007). Não se deve estabelecer que empresas se transformem em grandes promotoras de invenções, mas que utilizem suas capacidades dinâmicas e seu conhecimento construído para aprimorar a relação com seus clientes, sem deixar de acompanhar as ondas tecnológicas e evitando ser pressionadas pelo fator preço. Ou seja, sempre haverá oportunidades para fazer experiências mais prazerosas, atribuindo interatividade à relação com o cliente. Esse processo de interação com os compradores do produto ou serviço é que se transformará em vantagem competitiva para a empresa, posto que as ofertas criam um sentido de necessidade, justificando o valor mais alto em troca de uma experiência memorável, o que recai na lógica da progressão de valor de Pine e Gilmore (2000). Os fundamentos de tal negócio passam a se traduzir em alto valor agregado, maior retorno por cliente, maior número de clientes e maior retenção dos mesmos.

Em turismo, enxergar a implementação da economia da experiência como Fator Crítico de Sucesso (FCS) significa reconhecer no negócio adequação às mudanças de mercado e espaço para a criação de modelos memoráveis de serviços/produtos que façam com que clientes não só se interessem pelo produto, como paguem mais por desfrutar daquele momento. Significa ainda propor um modelo estratégico de desenvolvimento voltado para um nicho específico com forte apelo à fidelização. Turistas estão, de antemão, em uma posição receptiva para novos produtos e aparecem como fortes candidatos a experimentar novas formas de consumo. O campo de experiências é um importante balizador nesse sentido, por isso vamos expô-lo num item à parte.

Com o objetivo de explicar melhor os estágios de preparação de uma experiência, Pine e Gilmore (2000) propõem dois grandes eixos de análise que se decompõem em quatro áreas de estudo (ver figura 4). O primeiro (horizontal) corresponde ao nível de participação dos clientes e se subdivide em participação passiva e participação ativa. O segundo (vertical), descreve o tipo de relação ambiental que une clientes e performances. De um lado desse espectro está o item absorção e, do outro, está o de imersão. O cruzamento dos eixos cria quatro campos possíveis (entretenimento, educação, estética e fuga) em uma figura que o autor chama de campos de experiência.

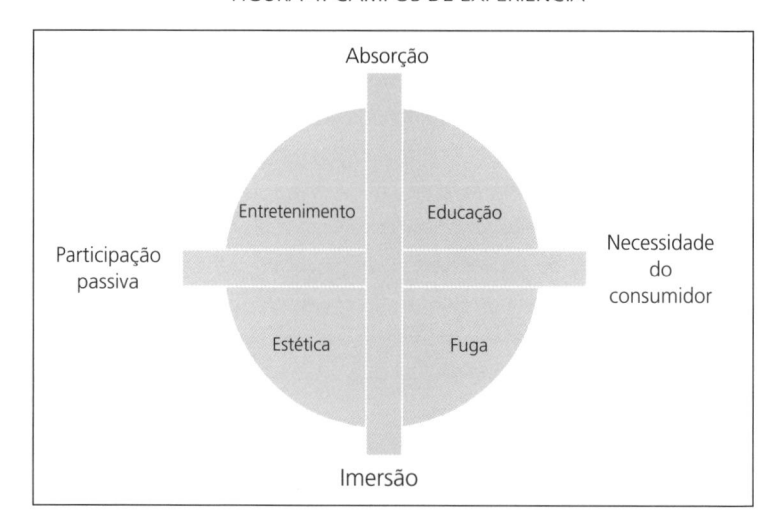

FIGURA 4: CAMPOS DE EXPERIÊNCIA

Fonte: Pine e Gilmore (2000).

A partir dessas divisões, com o objetivo de validar a proposta de uso da experiência como vantagem competitiva, apresentam-se quatro exemplos de uso dos serviços em consonância com os campos propostos, mostrando como é possível aprimorar atividades para que possam ser utilizadas estrategicamente como experiências memoráveis. Utilizam-se quatro modelos de serviços, tradicionalmente turísticos, como forma de demonstrar a proximidade do setor com os modelos apresentados.

Campo educacional

Nesta etapa, os clientes absorvem o conteúdo dos eventos ou experiências a partir do momento em que acontecem e iniciam seu processo de visita sem maiores expectativas sobre as atividades que os esperam, mas acabam por participar de momentos, em muitos casos corriqueiros, que valorizam sua visita.

> **EXEMPLO**
>
> Crianças de origem urbana, por exemplo, tradicionalmente apresentam empatia com visitas a minifazendas e zoológicos, por conta do contato com os animais que costumam ver pela TV ou em livros. O crescimento do turismo rural e a procura pelo contato infantil com a natureza é uma das correntes que mais cresce no turismo. Assim, adiciona-se valor a um passeio em um jardim zoológico, por exemplo, quando se observa um veterinário alimentando um animal enquanto explica aos visitantes algumas de suas características. Um serviço como esse é oferecido por vários empreendedores deste segmento. Ao permitir que um dos participantes da visita entregue comida ao animal, por exemplo, é oferecida uma experiência não esperada, que faz com que o cliente participe momentaneamente da atividade e aprenda com aquela realidade.

Falando em competitivamente, o diferencial estratégico não estava na exibição dos animais nem mesmo na observação da sua alimentação, mas na sensação de participação e geração de aprendizado que aquela experiência proporcionou a crianças e adultos.

Campo fuga

Esta fase representa o ponto mais memorável de uma experiência, pois se trata de um nível de imersão tal que faz com que o cliente se afaste de sua realidade e envolva todos os seus sentidos em determinada atração. Um passeio turístico por regiões produtoras de vinho com hospedagem em uma vinícola, por exemplo, proporciona a oportunidade de se inserir completamente no contexto enólogo. O turista, não necessariamente conhecedor de uvas, que busca informação e interação com o processo de produção dos vinhos, tem uma experiência única quando dorme e acorda em um centro produtor da bebida, participando de cursos, provas (*wine tasting*) e diálogos com os produtores locais, em um momento teatralizado.

O negócio principal dos produtores está ligado ao plantio, colheita e produção das bebidas para venda no mercado interno ou externo, porém, como forma de agregar valor a uma simples visita para observação do processo de engarrafamento, oferecem experiências memoráveis e cobram pelas mesmas. Do ponto de vista do turista, a vantagem está na possibilidade de fuga para um novo contexto, muito além da cultura urbana de simples consumo do vinho.

EXEMPLO

Em um final de semana, percorre-se o parreiral para colheita, amassa-se uvas com os pés, desfruta-se de comida típica e derivados da uva, faz-se curso e prova de vinhos e desfruta-se de completa imersão naquele contexto por meio da hospedagem na própria vinícola. Esta é uma realidade que não pode ser mensurada, mas que representa forte vantagem competitiva para os negócios envolvidos, uma vez que não há limites para as experiências propostas, que podem ser memoráveis a cada nova visita.

Campo estético

Este tipo de ambiente pode se inserir em um contexto completamente diferente da realidade, mas não há processo de imersão suficiente para promover uma experiência diferenciada. Um restaurante temático pode exemplificar bem esta etapa. Ao se buscar alimentação em um restaurante temático da II Guerra Mundial, por exemplo, o cliente se insere fisicamente no ambiente decorado por pôsteres da década de 1940, peças de aviões antigos e outros artefatos misturados aos uniformes militares dos garçons. Porém, no que tange à sua alimentação, desfruta de hambúrgueres e carnes que podem ser encontrados em vários outros restaurantes com temas diferentes. É possível até encontrar saladas *ceasar*, tradicionalmente servidas em cantinas italianas.

A experiência se realiza em parte, já que os visitantes estão inseridos em um determinado contexto, mas não interagem necessariamente com este. Além disso, todo o trabalho estético e de composição do pacote de serviços acaba por ser padronizado, promovendo, portanto, uma antecipação dos momentos que serão desfrutados naquele ambiente. Ainda assim, pode-se falar em vantagem competitiva para o empreendimento, pois os clientes que o buscam confortam-se por saber exatamente que tipo de experiência terão e como se sentirão ao sair de lá.

Campo de entretenimento

Esta etapa é exatamente oposta à etapa da fuga, pois nela os clientes participam de uma determinada experiência como meros expectadores e não se envolvem ou absorvem nenhuma das realidades propostas. Em certos pacotes de excursão é comum que os clientes sejam levados a assistir a vídeos promocionais sobre serviços oferecidos por empreendimentos locais e artefatos de cultura local que podem ser adquiridos. Assistir a um vídeo não oferece nenhuma surpresa ao cliente, que busca um determinado produto e encontra exatamente aquilo por que pagou, não interagindo com nenhuma atividade nem absorvendo experiências. Ou seja, desfruta de um espetáculo sem agregar valor à causa. Não é difícil encontrar negócios que se escoram neste tipo de estratégia para aumentar suas vendas. Atingem um percentual baixo em cada grupo de viagem e, em geral, cumprem o papel de atendimento de alguma necessidade imediata, como a compra de última hora de um presente esquecido ou uma compra por impulso. Não serão lembrados nem recomendados, apenas participam da economia turística local.

Apesar de a economia da experiência ser uma tendência reconhecidamente inexorável (Pine e Gilmore, 1999, 2000; Verma, 2002, 2007; Poulsson, 2004) ainda é difícil encontrar clientes realmente fãs de um determinado negócio. Salvo raríssimas exceções, as empresas ainda estão no processo de incorporação dos conceitos que as levem à busca de um diferencial que possa ser justificado como estratégia da experiência. A aplicabilidade dos quadrantes performáticos no dia a dia das empresas deverá contemplar a trama correta (estratégia), o elenco apropriado (pessoal) e o *script* de ação (processos). Todos os demais departamentos oriundos da metáfora de uma peça teatral devem "participar" da produção da experiência, revelando o teatro que existe em cada negócio e deixando que cada um estabeleça seu palco de atuação, inclusive o cliente, que aproveita experiências para evoluir, crescer culturalmente, improvisar e reformar-se, dando tal valor às experiências que não se importa em pagar um preço *premium* (Pine, 1998). Seguindo esta concepção, Kirsner (2002) afirma ser este o momento de assimilação da progressão de valor econômico, por seu potencial valor agregado, apontando sua capacidade de comportar e gerar riqueza e distinção entre aqueles que a promovem.

A economia da experiência caracteriza-se basicamente pelo fator surpresa, que transforma o turista comum em um fiel usuário de determinado serviço, chegando ao ponto de pagar mais por aquilo. A economia da experiência confere a determinado empreendimento categoria especial, fazendo com que lhe seja atribuída vantagem competitiva em relação a outros concorrentes. A inclusão deste tema neste trabalho justifica-se pela predisposição da Região Uva e Vinho em desenvolver o tema por meio de estudos realizados por suas associações de empresários, sindicatos locais e também pelo setor público. Como pode ser observado, já existe na região uma proposta embrionária de transformação de passeios turísticos em experiências memoráveis, o que, junto com demais fatores de competitividade, pode conferir característica especial para a formação e consolidação de um destino turístico competitivo.

Capítulo 4

Empreendimento turístico no ambiente de negócios

Neste capítulo, discutiremos o ambiente de negócio turístico, utilizando como base os conteúdos abordados nos capítulos anteriores. Partiremos do destino turístico e suas características para entender as condições de oferta e demanda que levam ao direcionamento de estratégias de gestão. E veremos, ainda, que, mesmo em condições lucrativas de operação, um empreendimento turístico não pode se afastar da maximização da performance de comercialização, do planejamento de médio e longo prazos e, principalmente, do encantamento de seus clientes. Para finalizar, utilizaremos um estudo de caso para exemplificar os conceitos estudados.

Destino turístico

O turismo não se distribui no território de forma homogênea ou aleatória. Ao contrário, tem caráter sazonal e responde claramente a uma série de fatores inter-relacionados, cuja importância individual dependerá do tipo de turismo que se quer desenvolver (de sol e praia, de natureza, cultural, de negócios) e da escala com a qual se trabalha. Segundo dados do Banco Interamericano de Desenvolvimento (BID), a delimitação de uma área turística acontece pela vontade do visitante e pode ser impulsionada ou reprimida pelo grau de incentivo que recebe da gestão pública local e da qualificação dos empreendimentos privados que dão suporte aos atrativos. A seleção para o investimento em uma área turística depende de um exame das vantagens, potencialidades e dificuldades do território, levando em conta as condições de desenvolvimento que se deseja imprimir no longo prazo.

A eleição para abertura de um negócio em uma área turística deve permitir que se estabeleça um fio condutor em torno do qual se deverá organizar a evolução da oferta turística no território, cabendo analisar fatores que tenham uma influência crítica sobre a localização da atividade turística. A seguir veremos exemplos.

Quais são os atrativos turísticos do destino?

Antes mesmo de pensar o negócio turístico é importante ter em mente a resposta para esta pergunta podendo, assim, direcionar seu processo decisório quanto ao tipo de negócio que se pretende criar ou expandir. Para Page (2011), a vocação turística de uma determinada região deriva-se da presença de um ou vários atrativos, naturais ou artificiais, com valor suficiente para motivar os usuários a se deslocarem até a referida área. Os atrativos ou recursos são a base do estímulo para a viagem. Qualquer outro elemento desempenha um papel similar ao da embalagem de um produto que, embora contribua para aumentar seu valor de mercado, não costuma ser suficiente por si só para motivar a compra.

> **EXEMPLO**
>
> Em relatórios de referência para pesquisa em turismo – como, por exemplo, o Prodetur Nacional (Ministério do Turismo) –, pode-se entender que o real valor do potencial turístico de uma região não deve ser entendido simplesmente como um conjunto de atrativos, mas, principalmente, pela qualidade dos mesmos. Essa razão fará com que novos turistas apareçam para conhecer os recursos de visitação e antigos exploradores continuem retornando à localidade.

Segundo Page (2011), três critérios potencializam a escolha por um destino e seus atrativos:

- grau de interesse que o recurso desperta nos visitantes;
- singularidade do recurso (grau de originalidade);
- disponibilidade (o número de dias por ano de visitação).

O destino e seus atrativos possuem acesso fácil?

Esta é também uma questão relevante para o sucesso de um negócio turístico. As pesquisas de demanda turística demonstram que a facilidade de acesso é diretamente proporcional ao gasto com turismo em uma região. Cabe ressaltar que, para uma correta investigação quanto ao acesso, deve-se considerar, além da infraestrutura de transporte, a possibilidade de se deslocar entre os destinos vizinhos e multiplicar os gastos e o tempo de estada na área escolhida.

Outro aspecto importante é a existência de bom acesso aos atrativos turísticos. Há muitos casos em que se consegue chegar facilmente a uma cidade, ou até ao local de hospedagem, mas encontra-se dificuldade para ter acesso ao atrativo turístico, o que, dependendo das condições, pode desagradar o visitante.

Os atrativos turísticos estão preparados para receber grande número de turistas?

Para o BID, a capacidade de a zona suportar aumentos sucessivos de pressão turística, sem por isto sofrer deterioração notável de suas características naturais ou de seus valores culturais, é outro dos fatores que devem influenciar a localização da atividade. O negócio turístico precisa estar dentro de uma área que comporte fluxo turístico compatível com sua infraestrutura e plano de crescimento. A superutilização de atrativos é um risco para os empreendimentos, principalmente para os que estão inseridos em regiões de turismo sazonal.

Um destino turístico e os negócios turísticos nele inseridos devem refletir claramente as vantagens que pode oferecer aos seus visitantes. O correto posicionamento e a condição dos atrativos em uma determinada região têm impacto direto na escolha que um gestor poderá fazer, por exemplo, no processo de comercialização dos seus serviços. A região escolhida para o empreendimento turístico deve gerar vantagens competitivas ligadas a uma posição diferenciada comparada a outras áreas turísticas competidoras e permitir:

- escolha de atividades complementares à oferta turística principal;
- geração de atividades combinadas entre os diversos atrativos;
- competição ética entre os mesmos tipos de serviços na localidade.

Tipo de negócio e seus objetivos

Ao se discutir o tipo de um negócio turístico, algumas perguntas aparecem de imediato:

- Que tipo de negócio se pretende criar ou expandir?
- Qual o produto ou serviço oferecido?
- Quais são os fatores críticos de sucesso do mesmo?
- Por que este negócio parece ser uma boa oportunidade?

Na maioria das vezes não haverá respostas precisas para todas as questões, mas, uma vez conhecidas as nuances turísticas do destino em que se está inserido, as repostas para estes questionamentos ajudam a formatar a ideia de um negócio no setor de viagens.

> **COMENTÁRIO**
>
> Segundo Page (2011), os negócios turísticos estão diretamente ligados à atividade ou são complementares aos serviços oferecidos aos visitantes. Os segmentos mais estudados para negócios em turismo são:
> - transportes;
> - hospedagem;
> - restaurantes e alimentação;
> - operadoras de viagens e agências de viagens (guias de turismo)

A definição dos objetivos gerais de um negócio deve ser precisa, mas não muito detalhada. Em alguns casos, eles podem ser hierarquizados em função de sua importância (finalísticos e instrumentais), definidos em função do tempo (curto, médio e longo prazos), coerentes com as condições do mercado e das disponibilidades de orçamento, controláveis e assumidos pelo conjunto dos agentes envolvidos. Uma vez elaborados, os objetivos podem ser alterados, sendo normal, em uma estruturação de planejamento, que sejam confirmados somente após o estudo das possibilidades de oferta e demanda turística.

Os objetivos de um negócio devem estar diretamente ligados ao tipo do negócio e à visão de futuro que se tem do mesmo, podendo variar em modelos mais qualitativos e outros mais quantitativos, mas o importante é que reflita a melhor relação possível entre o empreendimento e o destino turístico em que está inserido. Os objetivos podem tratar de questões como:

- indicadores de ocupação ou uso dos serviços/produtos;
- tipo de cliente almejado;
- gasto do cliente e estada média na localidade;
- tipo de produto;
- posicionamento do negócio em espaço de tempo preestabelecido;
- incremento de investimentos;
- aumento da receita;
- readequação de infraestrutura.

Oferta e demanda

Os conceitos de oferta e demanda devem estar presentes em qualquer análise de negócio ou destino turístico, colocando-se como pontos de equilíbrio para qualquer avaliação acerca do movimento de visitantes em uma determinada localidade e do grau de utilização que esses visitantes fazem dos atrativos.

Oferta turística

Pode ser entendida como um conjunto de elementos, bens e serviços adquiridos ou utilizados pelos visitantes, sejam elementos culturais, naturais ou criados para contemplação e uso.

Os elementos listados como de oferta podem ser compostos de um conjunto de elementos turísticos ou serem simplesmente de uso cotidiano, com características suscetíveis a visitantes. Um exemplo de oferta turística são os atrativos turísticos naturais, as danças e manifestações culturais, os restaurantes típicos ou as edificações de uma determinada região.

Como exemplo de indicadores que delimitam o potencial de oferta de uma região tem-se:
- produto com maior potencial de crescimento e desenvolvimento;
- equipamentos e instalações turísticas de suporte existentes;
- atrativos turísticos, de base natural ou patrimonial, em função dos tipos de turismo;
- capacidade da oferta de satisfazer à demanda atual e potencial;
- número de estabelecimentos de hospedagem, restaurantes a agências de viagem;
- principais mercados consumidores dos produtos ofertados;
- pontos geográficos e segmentos-meta, atendidos por cada tipologia de estabelecimento ou serviço turístico, segundo categorias, localização geográfica etc.;
- identificação de negócios competidores, em função dos diferentes segmentos existentes, e determinação da tipologia de serviços.

Demanda turística

Segundo Page (2011), demanda pode ser definida pelo perfil dos consumidores da oferta, ou seja, a quantidade de pessoas que visita um determinado local turístico, sua forma de comportamento e posicionamento econômico-social. A demanda turística pode ser dividida em dois grandes grupos:
- **demanda atual**: números relacionados aos turistas participantes de experiências atuais, comumente medida nas estatísticas.

- **demanda potencial**: números relacionados aos turistas que poderão visitar determinada localidade em um determinado tempo futuro. Pode se referir ao número de pessoas que não obteve acesso ao atrativo turístico por qualquer motivo e pode se converter em demanda atual caso a situação se altere.

As tentativas de se classificar grupos de turistas em categorias e desenvolver modelos específicos de negócios para atender às necessidades dos diferentes extratos são resultantes de estudos de demanda. Para o negócio turístico, a importância de se conhecer o ambiente de demanda está diretamente ligada, por exemplo, ao custo de um determinado produto ou serviço e à proporção de valores agregados que serão percebidos pelo cliente. A análise do ambiente de negócios, em termos de oferta e demanda, deve ser baseada em fontes secundárias ou primárias. Segundo fontes de pesquisa de Termos de Referência do BID, para efeito prático e de sistematização da informação, recomenda-se investigar o mercado turístico em função da vocação principal da região e seus segmentos. Como exemplo de informações de demanda importantes para a estruturação de um negócio turístico, tem-se:

- motivação da viagem;
- estimativa de visitantes (volume registrado nos últimos anos);
- tempo de permanência no destino;
- preferências dos visitantes;
- condições socioeconômicas (idade, renda, número de familiares etc.);
- local de procedência e projeções futuras (cinco anos);
- identificação de elementos críticos que influem no processo de tomada de decisões de compra da viagem.

A análise das informações anteriores permite a realização de diagnóstico, em termos estratégicos, do negócio turístico estudado. Neste ponto, o gestor de turismo já deve conhecer:

- os objetivos gerais do negócio;
- os tipos de produtos atualmente consolidados na região turística;
- os tipos de produtos ainda emergentes;
- o tipo de turista (cliente) que vai consumir seus produtos.

Em linhas gerais, para este item, o gestor deverá elencar as grandes áreas de ação necessárias para a consecução dos objetivos propostos, em função do diagnóstico realizado, para que se possa delimitar inicialmente áreas críticas de intervenção que deverão facilitar a composição de um plano de negócios, bem como futuras pesquisas de marketing, comercialização e gestão financeira do novo negócio turístico. A composição de estruturas estratégicas para o negócio turístico facilitará o posicionamento do negócio, a composição de linhas de produtos, a estruturação de segmentos-chave para comercialização dos produtos, a preparação de infraestrutura operacional e as diretrizes do plano de negócios.

Estudo de caso

O empreendimento turístico inserido no ambiente de negócios

O comerciante de uma vinícola na região de Bento Gonçalves (RS) deseja expandir seu empreendimento e criar um negócio de hospedagem em adição ao seu serviço de visitas guiadas à produção local. Este empreendedor busca entender como está inserido no ambiente de negócios antes de investir em um plano de negócios.

Sabemos que a vinícola em estudo está localizada em Bento Gonçalves, e que a região turística da Uva e Vinho ou Região Uva e Vinho, como é mais conhecida no setor, faz parte do compêndio de municípios da Serra Gaúcha. Ao todo, são 24 cidades posicionadas ao nordeste do Rio Grande do Sul, com características turísticas relacionadas à colonização italiana e à produção de vinhos. Entre os municípios deste grupo, destacam-se, por seu volume de turistas, Gramado, Canela, Caxias do Sul, Bento Gonçalves, Garibaldi e Nova Prata. Os dois primeiros destinos lideram os pacotes de viagens para a região como representantes do destino Serra Gaúcha. Já os demais, apesar de referendados por este último, se apresentam como fortes candidatos a representar a Região Uva e Vinho no que tange à sua atratividade turística.

A Região Uva e Vinho caracteriza-se, do ponto de vista turístico, pelo forte apelo à cultura das uvas e à produção de vinhos e espumantes. Sua geografia privilegiada e seu clima, com estações do ano bem definidas, tornam a região um modelo único no Brasil para se fazer turismo e vivenciar a cultura. A região busca posicionamento estratégico no mercado turístico, tentando se diferenciar da Serra Gaúcha e buscando estabelecer condicionantes próprias de competitividade no setor.

Quais são seus atrativos turísticos?

Entre os grandes ícones turísticos, destacam-se as atividades do meio rural, o enoturismo,[7] os passeios ecológicos e de aventura, as visitas campeiras e coloniais e as manifestações culturais. Foi nesta região que, há 130 anos, se iniciou a colonização italiana, com imigrantes provenientes das províncias do Vêneto. O turismo ali não é novidade e, segundo dados do SHBRS, até meados da década de 1960 havia quantidade relevante de hotéis de veraneio espalhados pela região conhecida como Região Vitivinícola, o mais importante destino turístico do Rio Grande do Sul (RS).

---

[7] Apesar de o enoturismo não ser um segmento oficialmente reconhecido pelo Ministério do Turismo, destaca-se nesta menção como turismo proporcionado pelos visitantes das vinícolas e parreiras, com o objetivo de conhecer a cultura de produção da bebida derivada da uva.

O destino possui acesso fácil?

Com o desenvolvimento econômico do país, a partir da década de 1970, e o consequente aumento da procura pelas viagens a lazer, a Região Uva e Vinho, a reboque da Serra Gaúcha, começou a se abrir para o mercado fora do Rio Grande do Sul. Surgiram pousadas rurais, hotéis de campo e hotéis fazenda que passaram a interessar ao público que buscava interação com a natureza e ambientes bucólicos. Diante deste fato, observou-se uma valorização da cultura italiana do ponto de vista turístico, que fez com que a elaboração de vinhos ganhasse papel essencial na segmentação e na caracterização da região como destino turístico.

A cidade de Bento Gonçalves está localizada a aproximadamente 40 km da cidade de Caxias do Sul, ícone industrial do estado, com aeroporto nacional provido de voos regulares. O acesso facilitado pelas boas condições das estradas locais, em especial para os empreendedores de negócio em vinho, a existência do Vale dos Vinhedos, tudo isso legitima a boa infraestrutura de acesso à região.

Os atrativos estão preparados para receber grande número de turistas?

As vinícolas que já existiam funcionaram como pano de fundo para esta nova forma de fazer turismo na região e a chancelaram com um produto diferente e de alto valor cultural, composto pela visitação às vinícolas e pela enologia. Língua, costumes e culinária típica encontraram, neste modelo de turismo, alicerce para estabelecer traços característicos daquela região, que atualmente se manifestam como ícones de legitimação cultural atrelados à produção de vinhos.

A região já recebia turistas estrangeiros e brasileiros, que percorriam suas vinícolas, permanecendo de um a dois dias sem esgotar todas as possibilidades de entretenimento, lazer, esportes, aventura, gastronomia, degustação de vinhos e sucos e descanso em meio a uma paisagem humana, cultural e natural resgatada em toda a sua plenitude. Por conta da sua característica de fazenda, as vinícolas (atrativo de maior competição para nosso estudo) são amplas e espalhadas por toda a região, o que se mostra como um indicativo de habilidade para receber um grande número de turistas.

Tipo de negócio

No que diz respeito aos negócios, segundo informações coletadas no Sindicato dos Hotéis, Bares, Restaurantes e Similares do Rio Grande do Sul (SHBRS), entre os habitantes da Região Uva e Vinho é possível verificar a disposição para empreender, principalmente em meios de negócios voltados para a agroindústria e produção de vinhos, e para o turismo. A gestão familiar é característica da região, mesmo nas grandes vinícolas, e as famílias se mantêm unidas em torno de suas propriedades, junto de suas comunidades e do seu meio cultural, criando oportunidades de emprego para outras pessoas da região.

Objetivos

- Estabelecer uma pousada familiar em adição ao negócio de visita às parreiras e tonéis de armazenamento.
- Maximizar a experiência do cliente visitante da Região Uva e Vinho.
- Buscar diferenciação pelo posicionamento da hospedagem familiar.
- Fomentar os conceitos de Economia da Experiência.
- Fomentar atividade produtiva organizada.

A organização da atividade produtiva marca uma forma de atuação com ênfase nas parcerias. No turismo, este modelo vem se desenvolvendo como resultado de políticas de incentivo do Ministério do Turismo e encontra, na região, condição ímpar no que se refere à cultura da cooperação. Essa condição faz com que os negócios da região estejam em conexão com as políticas gestoras públicas e que, por meio da união de primeiro, segundo e terceiro setores, seja possível promover o desenvolvimento turístico sustentado e competitivo.

Os principais agentes fomentadores do arranjo turístico são: a Associação de Turismo da Serra (Atuaserra), o Sindicato de Hotéis, Restaurantes, Bares e Similares (SHRBS), o poder público (secretários de Turismo, Agricultura e assessores municipais) e o Sebrae. Também participam paralelamente desta união a Universidade Federal do Rio Grande do Sul (com projetos para implantação das denominações de Origem Controlada na viticultura) e a Universidade de Caxias do Sul (com cursos de bacharelado e mestrado em turismo na Região Uva e Vinho). Os dois primeiros são os principais articuladores da região para o desenvolvimento do turismo. Portanto, o modelo de gestão e promoção do turismo na Região Uva e Vinho já nasce em consonância com as políticas públicas nacionais para o setor e, ao mesmo tempo, com um produto de forte valor agregado (o vinho) que dificilmente poderá ser copiado dada sua característica de dependência climática e cultural de produção. Como consequência, o sistema turístico resgata boas práticas internacionais e começa a se organizar em torno do enoturismo, nos moldes das regiões do sul da França e oeste dos Estados Unidos, muito conhecidas no setor por sua estruturação conjunta de produção, comercialização e apelo turístico em torno da produção de vinhos. O Vale dos Vinhedos é um bom exemplo desta nova organização. Localizado entre as divisas de Bento Gonçalves, Garibaldi e Monte Belo do Sul, o vale se caracteriza pela grande concentração de vinícolas e produção profissional para o mercado interno e externo de vinhos de qualidade. Recentemente, assumiu o ato pioneiro de se estabelecer como a primeira região demarcada com o Selo de Origem Controlada[8] do país. Logo, o negócio turístico de característica familiar se

---

[8] Selo que certifica a bebida quanto a sua origem geográfica, modo de produção, elaboração e engarrafamento.

adequa ao conceito de empreendedorismo da região e o objetivo de focar na hospedagem vem ao encontro das necessidades de experiências diferenciadas almejadas pelos visitantes.

Oferta e demanda

Para a concepção de diagnóstico de oferta e demanda, podem ser utilizadas avaliações secundárias por meio de informações adquiridas junto a gestores de turismo locais ou encomendadas a consultores de demanda turística.[9] Por meio da análise das pesquisas, identificaram-se três fatores relevantes do ponto de vista da oferta:

- identificação da formação de um grupo de empresários voltados para o fomento da economia da experiência, como forma de diferenciação no mercado local;
- atratividade dos preços;
- questões de sazonalidade da Região Uva e Vinho.

Grande parte destes negócios são microempresas, em sua maioria geridas pelos próprios donos. Ao serem perguntados sobre a relação entre as vendas para turistas a lazer e turistas em viagens de negócios, os empresários responderam que, em média, 62% das vendas turísticas se concentram em viagens de lazer, mas com alto percentual de atendimento de viagens corporativas. Para o investidor é interessante observar a superposição de viagens corporativas ou a lazer, apontando a dificuldade de distinguir os dois grupos e mostrando uma oportunidade de valorização desse tipo de turista, sensibilizando-o a cogitar o destino Uva e Vinho para suas futuras viagens com a família.

O ponto positivo para o negócio a ser criado é que a gestão familiar se mostra como uma característica peculiar dos empreendimentos regionais brasileiros. O dia a dia da pequena e média empresa turística interfere diretamente nas propostas de gestão para um destino turístico, corroborando com a necessidade do estabelecimento de um clima de cooperação regional e gestão voltado para o bem comum. Segundo o Ministério do Turismo, mais de 70% dos empreendimentos turísticos brasileiros são geridos por seus próprios donos em modelo de administração familiar. Segundo dados do Sebrae Nacional,[10] entre as empresas que sobrevivem aos cinco primeiros anos de criação, os fatores condicionantes de sucesso estão ligados basicamente ao conhecimento do mercado em que atuam e à composição de boas estratégias de vendas e posicionamento. Importa para o empreendedor deste estudo de caso conhecer a relação destas informações com a proposta de criar um modelo diferenciado de promoção da atividade turística voltada para a surpresa do cliente por meio de experiências memoráveis.

---

[9] Pesquisa realizada pela consultoria Competitive com empresários empreendedores que buscam implementar a economia da experiência na região. Pesquisa de demanda, apoiada nas entrevistas realizadas pela Gryphon Consultoria com agentes de viagens em nível nacional.

[10] Pesquisa de condicionantes e taxa de mortalidade de empresas no Brasil, 2003.

Em entrevistas a outros estabelecimentos que visam a economia da experiência, observou-se que há um refinamento do serviço para atender uma gama mais diversificada de clientes. A tematização também é um tópico frequente, acompanhada de pequenos shows performáticos em variadas formas de apresentação. Este dado indica que os empresários não só entenderam a necessidade de domínio do tema a ser trabalhado como buscam a adequação de seus empreendimentos à promoção de experiências realmente surpreendentes para seus clientes. Para a pesquisa de oferta, a hospedagem em vinícolas faz parte do conceito estratégico de experiências memoráveis.

QUADRO 5: PROMOÇÃO DE EXPERIÊNCIAS MEMORÁVEIS

Gastronomia	Hotelaria	Vinícolas
atendimento com estilo familiar, direto com proprietários; café colonial (produção artesanal, cultivo na propriedade); bar junto às videiras; visitação com acompanhamento dos enólogos na cantina; garçom com traje típico italiano; estilo da construção (rústico no meio do mato, casa de pedra); espaço temático (museu com utensílios da colonização italiana, feira de carros antigos); apresentação temática surpresa (coral, música italiana, gaita)	hospedagem em vinícolas; show folclórico, italiano, música ao vivo, piano bar; café colonial; eventos especiais (ceias de Natal, Ano Novo, Páscoa).	narração da história da imigração italiana, de como iniciou a vitivinicultura no Rio Grande do Sul e Brasil; visitação na propriedade italiana (temática); museu na propriedade; degustação de vinhos com os olhos vendados para estimular as sensações; apresentação de coral italiano (agendamento); degustação das uvas diretamente no parreiral; castelo medieval, visitação dos cenários com releitura da época; vindima italiana (roteiro igual ao realizado pelos imigrantes italianos).

No que tange às atividades da vinícola, observa-se também uma convergência na prestação de serviços, que transcendem sua vocação principal. A variação no preço de produtos oferecidos pelos diversos setores indica uma diversidade na prestação de serviços que pode ser utilizada como forma estratégica para atingir públicos variados. Por outro lado, observa-se a inexistência de preços voltados exclusivamente para públicos que exigem serviços de mais qualidade e que estão predispostos a pagar caro por experiências memoráveis.

Atratividade dos preços

Um dado relevante referente à pesquisa com os empreendedores diz respeito à variação dos preços praticados na Região Uva e Vinho. Observa-se que alguns produtos se encontram subvalorizados principalmente ao se levar em conta justamente o trabalho de busca da experiência como forma de valorização. Vejamos a figura 5, representativa do setor de hospedagem.[11] Esta questão deverá ser revista no momento da decisão sobre

---

[11] Optou-se aqui pelo setor de hospedagem por ser o setor de maior abrangência na pesquisa com empreendedores. A pesquisa buscou a variação de preços em outros setores também, como pode ser observado nos resultados anexos.

o futuro posicionamento do negócio, de acordo com o perfil de turista desejado pela região e pela empresa promotora do serviço, de forma que os ajustes necessários sejam efetuados. A figura 5 é um bom exemplo da variação de preços encontrada entre os empreendedores da região e comprova a falta de valores *premium*, o que pode caracterizar a inexistência de serviços para este tipo de público.

Exemplos de preços praticados

Hotelaria:

- pousada de R$ 32,00 a R$ 120,00;
- hotelaria de R$ 40,00 a R$ 160,00 (incluso valor corporativo);
- hospedagem em vinícolas de R$ 130,00 a R$ 300,00;
- *tour* pela cidade R$ 30,00;

Fonte: Pesquisa de empreendedores – FGV, 2007.

Questões de sazonalidade da Região Uva e Vinho

Outro fator crítico de sucesso diz respeito à sazonalidade das visitas turísticas. Apesar de este dado ter sido coletado somente entre empresários atuantes no projeto economia da experiência, pode-se considerar os resultados indicativos das variações do fluxo de visitantes em toda a região. O fluxo turístico tem sazonalidade dependente dos meses de férias de inverno, isto é, junho e julho (ver figura 5), o que mostra que a venda do produto não é trabalhada além do convencional.

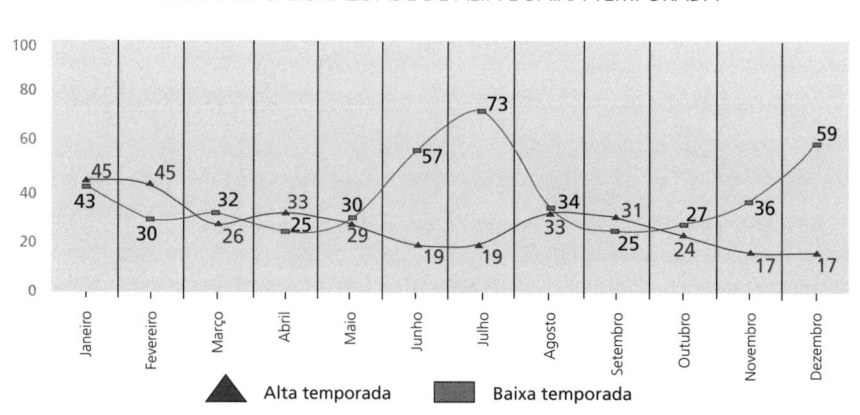

FIGURA 5: SAZONALIDADE DE ALTA E BAIXA TEMPORADA

Mês	Alta temporada	Baixa temporada
Janeiro	45	43
Fevereiro	45	30
Março	32	26
Abril	33	25
Maio	30	29
Junho	57	19
Julho	73	19
Agosto	34	33
Setembro	31	25
Outubro	27	24
Novembro	36	17
Dezembro	59	17

Fonte: Pesquisa de empreendedores – FGV (2007).

A análise de oferta turística deixou claro que o produto resultante do conceito Uva e Vinho não precisa ser dependente desta sazonalidade. O investimento em maior distribuição turística e maior promoção do destino para temporadas de verão, por exemplo, pode ser boa oportunidade para os empresários da região. O período de colheita de uvas apresenta-se como oportunidade para consolidação do produto Uva e Vinho, bem como para a imagem da região que não é dependente da condição climática. Em termos de desenvolvimento estratégico, tal dado é relevante para o empreendimento que estamos estudando porque indica a possibilidade de se comercializar os mesmos serviços em outros períodos do ano (que podem, por exemplo, estar atrelados diretamente à colheita das uvas).

Do ponto de vista do empreendedor deste estudo de caso, deve-se também englobar, para determinação do mercado, as oportunidades ainda não aproveitadas, as mudanças na tecnologia, os níveis de preço, as condições de oferta e os possíveis entrantes provenientes de mercados adjacentes. Logo, a correta utilização da sazonalidade e a oportunidade de trabalhar um produto ainda não descoberto pelos turistas (a participação na colheita) se traduzem, neste caso, como fator de vantagem competitiva ante a gama de produtos turísticos concorrentes ligados somente ao frio e ao aconchego.

Na análise de demanda, foram observados fatores concernentes basicamente ao perfil do turista e a produtos e questões relacionadas à concorrência. Os fatores considerados mais relevantes para os objetivos do empreendimento deste estudo de caso foram:

- perfil do turista;
- comercialização;
- turismo cultural;
- concorrência.

Perfil do turista

Em turismo, o perfil do público-alvo deve ser considerado um fator muito relevante para a competitividade de determinado negócio. A correta relação entre oferta (produtos, preços, passeios ou tipos de hospedagem) e demanda (renda dos turistas, idade e escolaridade) pode ser responsável pela fidelização, ou não, dos visitantes a determinado empreendimento. No que diz respeito à análise sobre o perfil do turista atual na Região Uva e Vinho, observa-se a concentração de quatro características que revelam um público equilibrado:

- maturidade (público-alvo relevante entre 31 – 50 anos);
- poder aquisitivo médio-alto;
- bom nível de escolaridade;
- concentração de famílias.

As tabelas a seguir procuram mostrar este perfil.

TABELA 2: IDADE MÉDIA DOS CLIENTES

Qual a idade média dos clientes que compram pacotes para a Região Uva e Vinho?	N	%
Entre 21 e 30 anos	22	6,9
Entre 31 e 40 anos	122	38,5
Entre 41 e 50 anos	120	37,9
Entre 51 e 60 anos	34	10,7
Mais de 60 anos	19	6,0
Total	**317**	**100,0**

Fonte: Gryphon Consultoria (2007).

TABELA 3: CLASSE SOCIAL

Classe social	N	%
A	2	0,6
B	232	73,2
C	79	24,9
D	4	1,3
Total	**317**	**100,0**

Fonte: Gryphon Consultoria (2007).

TABELA 4: ESCOLARIDADE

Escolaridade	N	%
Ensino superior	267	84,8
Ensino médio	47	14,9
Pós-graduação	1	0,3
Total	**315**	**100,0**

Fonte: Gryphon Consultoria (2007).

TABELA 5: ESTADO CIVIL

Estado civil	N	%
Casado	294	93,0
Solteiro	13	4,1
Viúvo	6	1,9
Separado/divorciado	3	0,9
Total	**316**	**100,0**

Fonte: Gryphon Consultoria (2007).

A partir de tais dados, observa-se que a região já atrai um perfil de turista extremamente positivo para o sucesso de seus negócios. Nota-se também que o destino não tem problemas para atrair o tipo de turista de nível alto; talvez a dificuldade esteja relacionada com a fidelização e manutenção do mesmo por períodos mais longos.

No momento de um planejamento estratégico, segundo Fontes Filho (2006) é fundamental que uma empresa conheça a si mesma e suas qualidades e defeitos, características e problemas, mas é também importante que conheça seu público-alvo, ou, como no caso da Região Uva e Vinho, o público que mais visite aquela localidade. Neste sentido, é senso comum que conseguir aglutinar em torno do público-alvo características como alto poder aquisitivo, bom nível de escolaridade e ambiente familiar é um fator crítico de sucesso relacionado à estrutura do negócio. Este fator já está legitimado na Região Uva e Vinho, precisando apenas ser mantido ou, no máximo, incrementado.

Comercialização

Nesta pesquisa analisou-se o processo de comercialização e, para fins deste estudo, a relação do produto turístico (vinho, vinícolas e hospedagem) com seus canais de venda já estabelecidos e a cadeia produtiva estruturada pode ser considerada um ponto de vantagem estratégica para o sucesso do negócio almejado. Como já foi relatado, a cadeia produtiva do turismo está alicerçada em três atores básicos: as operadoras, as agências e os clientes. No caso estudado, observa-se considerável dependência de operadoras para a comercialização de pacotes para a Região Uva e Vinho. Praticamente 80% das agências vendem pacotes para a região, mas apenas 20% destas formatam seus próprios pacotes, os demais são apenas resultados de comissão de pacotes formatados pelas operadoras.

Observe que este é um resultado essencial para a consolidação de um negócio na Região Uva e Vinho como modelo competitivo, porém, para o caso em estudo, há que se considerar que o visitante que buscará hospedagem em vinícolas poderá ser autoguiado. Esta observação ressalta a importância de adequação dos processos comerciais do empreendimento à dependência do destino em relação às operadoras que o vendem e evidencia a necessidade de profunda articulação estratégica com operadoras e agências para o desenvolvimento do negócio.

TABELA 6: FORMATAÇÃO DO PACOTE PARA COMERCIALIZAÇÃO

O pacote é formatado pela agência ou operadora?	N	%
Agência	64	20,1
Operadora	254	79,9
Total	318	100,0

Fonte: Gryphon Consultoria (2007).

Fica evidente ainda que o foco estratégico de atuação na região é de domínio da operadora. Mudar esta condição implica transpor barreiras de mercado e investir na criação de um negócio apoiado na imagem do produto turístico principal (vinho), o que fica caracterizado como ponto positivo para nosso estudo. Quando perguntado sobre o nível de relevância do segmento cultural para a região, o emissivo (agências entrevistadas) foi contundente em defini-lo com grande vantagem sobre os demais pesquisados, e isso tem um significativo peso para potenciais negócios na região. Este resultado é positivo porque fornece subsídios para se consolidar a característica cultural do produto turístico Região Uva e Vinho e do turismo cultural como um todo.

TABELA 7: RELEVÂNCIA DO SEGMENTO CULTURAL PARA A REGIÃO UVA E VINHO

Níveis de relevância - onde 1 é o item menos relevante e 4 o mais relevante	1	2	3	4	Média	Desvio padrão	N
Cultura na Uva e Vinho	3	9	15	256	3,9	0,5	283
Negócios na Uva e Vinho	148	89	41	2	1,6	0,8	280
Saúde na Uva e Vinho	78	123	75	3	2,0	0,8	279
Ecoturismo na Uva e Vinho	50	59	148	23	2,5	0,9	280

Fonte: Gryphon Consultoria (2007).

Para chancelar o turismo cultural como FCS para a Região Uva e Vinho, e, consequentemente, favorecendo o futuro plano de negócio para hospedagem em vinícolas familiares, buscou-se ainda entender se, na opinião dos entrevistados, o cliente final também tinha interesse neste segmento. Como resultado, observou-se que, em relação ao aspecto da motivação específica do turista para visitar a Região Uva e Vinho, o conhecimento da cultura da região ou a produção de vinhos são responsáveis por aproximadamente 65% (57,6% + 7,3%, considerando o processo de produção de vinhos uma evidência de segmento cultural) da motivação dos clientes das agências entrevistadas, conforme se pode visualizar na tabela a seguir.

TABELA 8: MOTIVAÇÃO PARA VISITAR

Que tipo de motivação que a maioria dos seus clientes têm ao buscar por um pacote para a região?	N	%
Vivenciar a cultura	189	57,6
Paz, descanso	44	13,4
Conhecer o processo de produção de vinho/espumantes	24	7,3
Beleza natural	23	7,0
Clima	21	6,4
Romance	16	4,9
Experimentar atividades relacionadas à saúde	3	0,9
Propaganda	3	0,9
Divulgação	1	0,3
Interagir com a comunidade local	1	0,3
Natal Luz	1	0,3
Preço	1	0,3
Vitivinicultura	1	0,3
Total	328	100,0

Fonte: Gryphon Consultoria (2007).

Tais aspectos, mais uma vez, reforçam o caráter cultural da Região Uva e Vinho e consolidam os fatores básicos de favorecimento para o empreendimento de hospedagem familiar. Tais dados deverão ser utilizados posteriormente no planejamento detalhado do negócio. Para concluir, atenta-se para o fato de que os FCS possíveis para a Região Uva e Vinho não se encerram nesta leitura. Porém, os resultados encontrados têm como objetivo o direcionamento de futuras políticas de desenvolvimento estratégico do destino como um produto turístico competitivo. São guias para os tomadores de decisão e visam estabelecer um direcionamento para as situações recorrentes do mercado. Estas definições têm importância no estabelecimento de um posicionamento estratégico para o destino em questão porque equalizam as expectativas dos gestores públicos e privados com as realidades do mercado e auxiliam na manutenção do equilíbrio deste binômio como forma de organização de resultados desejáveis. Segundo Fontes Filho (2006), a capacidade de entender tais expectativas e transformá-las em objetivos, metas e avaliações de FCS permite ao gestor acompanhar o rumo do mercado e assegurar o sucesso da estratégia.

Estruturando o negócio turístico – Linhas gerais

Em relação à oferta, os FCS condicionantes de desenvolvimento para o negócio turístico foram:

- identificação de um grupo de empresários voltados para o fomento da economia da experiência;
- atratividade dos preços;
- sazonalidade.

> **COMENTÁRIO**
>
> Os preços praticados na região apresentam uma boa variação, condizente com a quantidade de serviços oferecidos para todos os tipos de consumidor, mas ainda há espaço para a prática de tarifas *premium*, ou seja, voltadas para o público de alto poder aquisitivo que exige serviços de alto valor agregado. Esta proposta vem ao encontro dos conceitos descritos nos objetivos de se ter um negócio de hospedagem familiar em vinícola. No que diz respeito à sazonalidade, observou-se que o produto Uva e Vinho dispõe de um fator pouco explorado, ou seja, a época da colheita. Em consonância com os propósitos de experiências memoráveis, na Região Uva e Vinho pode-se aproveitar os períodos de dezembro, janeiro e fevereiro a fim de atrair turistas para visitar os parreirais e o processamento das uvas (atividades que se adequam à hospedagem na própria localidade).

Pela ótica da demanda, os FCS condicionantes de desenvolvimento para um destino turístico encontrados foram:

- perfil;
- modelo de comercialização;
- segmento cultural;
- forma como se dá a concorrência.

No que tange à comercialização, concluiu-se que a correta integração entre a forma como um destino é comercializado e a composição da cadeia turística pode constituir um FCS. A região estudada tem uma característica peculiar neste sentido, uma vez que mais de 80% dos pacotes que são vendidos para turistas fora do Estado do Rio Grande do Sul são formatados por operadoras. Este fato exige cuidado no momento de compor o plano de negócio. Não estamos dizendo que operadoras são inimigas do turismo, mas defende-se a ideia de que há necessidade de ações estratégicas em parcerias com as mesmas. Outro fator relevante para o caso em questão diz respeito à legitimação do segmento turismo cultural. Para a Região Uva e Vinho, que promove um projeto voltado para a economia da experiência, é importante ter a cultura no mais alto grau de valor. A relação do turista com os produtos oriundos dos parreirais depende da valorização da cultura local e da preservação dos costumes para sua legitimação. Por isso, conclui-se que o turismo cultural em si é um FCS para o negócio estudado.

Conclui-se que o destino em questão pode estar em vantagem estratégica porque seu público-alvo pode não se enquadrar com o perfil de clientes que buscam viagens aleatórias, fazendo com que seu produto mantenha-se com pouco volume de visitantes, mas com um perfil mais adequado à sua proposta de desenvolvimento, o que favorece um negócio familiar de hospedagem, focado em público de alto poder aquisitivo e que valoriza a relação com a produção do vinho.

Para fins de estratégia, cabe ressaltar que a identificação e o monitoramento das informações trabalhadas neste módulo devem fazer parte de ciclo contínuo cuja combinação integrada de ativos e capacidades superiores à concorrência, cultivada ao longo do tempo, torna-se a fonte de legitimação do negócio turístico, entregando maior valor aos clientes que o visitam. Um melhor desempenho é recompensado com um maior nível de satisfação dos clientes, podendo atingir a fidelidade e uma maior participação de mercado – e, consequentemente, melhores resultados para a região como um todo. A posição de superioridade estará continuamente sujeita à erosão causada pelos movimentos competitivos e mudanças no mercado, o que implica a constante criação de barreiras para proteção dos fatores atuais. A partir do investimento em novos ativos e capacidades, tais como o fortalecimento e a preservação da experiência diferenciada e a melhoria das capacidades existentes, é possível gerar novas fontes estratégicas.

As características regionais distintas constituem o valor do próprio local e representam um grande diferencial para a identidade da região turística. Funcionam como elos dos ativos que aperfeiçoam a sua distribuição, fortemente inseridas no próprio processo de promoção da atividade turística do destino, dificultando-se, desta forma, sua imitação. É exatamente neste aspecto que a economia da experiência vem agir e que este estudo propõe-se a resgatar, identificando os fatores críticos de sucesso determinantes de vantagem competitiva para o negócio turístico.

Bibliografia

ANDRESEN, Vivien; PRENTICE, Richard. Festival as a creative destination. *Annals of Tourism Research*, Londres: Elsevier Science, v. 30, n. 1, p. 7-30, 2003.

ANSOFF, H. I. *Corporate strategy*. Harmondsworth: Penguin, 1965.

BARBOSA, Luiz G. *Os impactos econômicos do turismo e sua implicação nas políticas públicas*: o caso do município de Macaé-RJ. 2002. Dissertação (Mestrado em administração) – Escola Brasileira de Administração Pública e de Empresas (Ebape/FGV), Rio de Janeiro, 2002.

BAUMAN, Zygmund. *A modernidade líquida*. São Paulo: Jorge Zahar, 2001.

BENI, Mario Carlos. *Análise estrutural do turismo*. São Paulo: Senac, 1998.

BOAS, Franz. *Antropologia cultural*. Organização e tradução Celso Castro. Rio de Janeiro: Jorge Zahar, 2004.

BRASIL. *Pesquisa anual de conjuntura econômica do turismo*. Pacet VII, ano VII, 2010. Disponível em: <http://institucional.turismo.gov.br/>.

BUHALIS, D. Marketing the competitive destination of the future. *Tourism Management*. Elsevier Science, v. 21 (2000), p. 97-116, 1999.

BURKE, Peter. *Cultura popular na Idade Moderna*. São Paulo: Cia. das Letras, 1989.

_____. *História e teoria social*. Tradução Klauss Brandini, Gerhardt, Roneide Venâncio Majer. São Paulo: Unesp, 2002.

CAPRA, Fritjof. *Ponto de mutação*. 25. ed. São Paulo: Cultrix, 2005.

CAVALCANTI, Bianor Scelza. Implementação de programas sociais de massa: a gestão estratégica no contexto interorganizacional da política pública. *Revista Paranaense de Desenvolvimento*, Curitiba, n. 93, p. 73-89, jan./abr., 1998.

_____. *Gerente equalizador*. Rio de Janeiro: FGV, 2005.

COBRA, M. *Marketing de serviços*: turismo, lazer e negócios. São Paulo: Cobra, 2001.

COOPER, Chris et al. *Tourism principles and practice*. Melbourne, Austrália: Longman, 1993.

COOPER, C. P. *Progress in tourism, recreation and hospitality management*. Londres: Belhaven, 1991. v. 1.

_____. *Turismo: princípios e práticas*. São Paulo: Bookman, 2001.

_____. Knowledge management and tourism. *Annals of Tourism Research*, Reino Unido: Elsevier, v. 33, n. 1, p. 47-64, 2006.

CYRINO, Á. B.; VASCONCELOS, F. C. Vantagem competitiva: os modelos teóricos atuais e a convergência entre estratégia e teoria organizacional. *Revista de Administração de Empresas,* São Paulo: FGV, v. 40, n. 4, p. 20-37, out./dez., 2000.

DAY, G. S. *A dinâmica da estratégia competitiva.* Rio de Janeiro: Campus, 1999.

DOWBOR, Ladislau. A intervenção dos governos locais no processo de desenvolvimento. In: BAVA, Silvio Caccia (Org.). *Desenvolvimento local.* São Paulo: Pólis, n. 25, p. 29-46, 1996.

DRUCKER, Peter. *Administrando em tempos de grandes mudanças.* 3. ed. São Paulo: Thompson Pioneira, 1996.

_____. *Prática da administração de empresas.* São Paulo: Thompson Pioneira, 1998.

_____. *A administração na próxima sociedade.* São Paulo: Nobel, 2003.

FAULKNER, B.; FREDLINE, E. Resident reactions to a major tourist event: the gold cost Indy car race. *Festival Management and Event Tourism,* Elsevier Science, v. 5, p. 234-251, 1998.

FLETCHER, J. E.; ARCHER, B. H. The development and aplication of multiplier analysis. In: COOPER, C. P. *Progress in Tourism, recreation and hospitality management,* Londres: Belhaven, 1991. v. 1.

FONTES FILHO, Joaquim Rubens. *Planejamento estratégico da pequena e média empresa:* aplicações no setor turístico. Rio de Janeiro: Publit, 2006.

GAJDUSCHEK, Gyorgy. Burocracy: is it efficient? Is it not? Is that the question? *Administration & Society,* v. 34, n. 6, 2003.

GALBRAITH, J. R.; LAWER III, Edward E. *Organization design.* Lansing: Addison-Wesley, 1977.

_____. *Organizando para competir no futuro.* São Paulo: Makron, 1995.

GETZ, D. Tourism planning and destination life cycle. *Annals of Tourism Research,* Elsevier Science, v. 19, n. 4, 752-770, 1992.

GHEMAWAT, Pankaj. Strategy: seeking and securing competitive advantage. *Harvard Business Review.* Watertown: Library of Congress, 1991.

GIL, Antônio Carlos. *Como elaborar projetos de pesquisa.* São Paulo: Atlas, 1987.

HENDERSON, R. M.; CLARK, K. B. Architectural innovation: the reconfiguration of existing product technologies and the failure of establishment firms. *Administrative Science Quarterly,* v. 35, n.1, p. 9-30, mar. 1990.

HERDY, Denis. Sociocultural dimensions of tourism history. *Annals of Tourism Research,* Londres: Pergamon Press, v. 17 p. 541-555, 1990.

HILL, C. W.; DEEDS, D. L. The importance of industry structure for the determination of firm profitability: a new Austrian perspective. *Journal of Management Studies,* v. 33, n. 4, p. 429-451, 1996.

KIRSNER, Scott. *Guiness store houses is a way to get in touch with a new generation*. Fast Company, Nova York, v. 58, p. 92-100, 2002.

LAGE, Beatriz Helena; MILONE, Paulo César (Orgs.). *Turismo*: teoria e prática. São Paulo: Atlas, 2000.

LASTRES, Helena M. M.; CASSIOLATO, José Eduardo. Novas políticas na era do conhecimento: o foco em arranjos produtivos e inovativos locais. *Revista Parcerias Estratégicas*, v. 2, 2003.

LEE, C.; LEE, Y.; WICKS, B. E. Segmentation of festival motivation by nationality and satisfaction. *Annals of Tourism Research*, Pergamon Press, v. 30, n. 4, p. 541-555, 2003.

MAMBERTTI, Marina; BRAGA, Roberto. Arranjos produtivos turísticos e desenvolvimento local. In: SEMINÁRIO INTERNACIONAL DO DESENVOLVIMENTO LOCAL NA INTEGRAÇÃO: ESTRATÉGIAS, INSTITUIÇÕES E POLÍTICAS, 1. Anais... Unesp, Rio Claro, 19-21/5/2004.

MATTA, Roberto da. *Carnavais, malandros e heróis*. Para uma sociologia do dilema brasileiro. Zahar: Rio de Janeiro, 1979.

McSWITE, O. C. *Legitimacy in public administration*. EUA: Sage, 1997.

MELIÁN-GONZÁLEZ, A.; GARCÍA-FALCÓN, J. M. Tourism and development. *Annals of Tourism Research*, v. 30, n. 3, p. 720-740, 2003.

MELO, Aloísio L. P. et al. Elementos para uma política pública de desenvolvimento rural com base na agricultura familiar – a inserção do Pronaf no PPA 2000 - 2003. *Revista do Serviço Público*. Brasília: Enap, ano 52, n. 2, abr./jun. 2001.

MINTZBERG, Henry, et al. *Safári de estratégias*: um roteiro pela selva do planejamento estratégico. Tradução Nivaldo Montingelli Jr. Porto Alegre: Bookman, 2000.

MONTGOMERY, Cynthia A.; PORTER, Michael E. Estratégia: a busca da vantagem competitiva. *Harvard Business Review Book*, Rio de Janeiro: Elsevier, 1998.

MORAES FILHO, Mello. *Festas e tradições populares no Brasil*. Rio de Janeiro: F. Broguiet & Cia, 1946.

MOTTA, Paulo Roberto. *Gestão contemporânea*: a ciência e a arte de ser dirigente. 14. ed. Rio de Janeiro: Record, 2003.

OECD. *The new economy*: beyond the hype. Paris: Organization for Economic Cooperation and Development, 2001.

PAGE, Stephen J. *Tourism management*: an introduction. Oxford: Butterworth-Heinemann (Elsevier Ltd), 2011.

PARASURAMAN, A.; ZEITHAML, A. V.; BERRY, L. L. A conceptual model of service quality and its implications for future research. *Journal of Marketing*, v. 49, n. 4, p. 41-50, outono 1985.

PENROSE, E. T. *Facteurs, conditions et mecanismes de la croissance de l'enterprise*. Neuilly-sur-Seine: Hommes et Techniques, 1959/1963.

PINE II, B. J. *Personalizando produtos e serviços*: customização maciça. São Paulo: Makron Books, 1994.

_____; GILMORE, J. H. Welcome to the experience economy. *Harvard Business Review*, v. 76, n. 4, p. 97-105, 1998.

_____; _____. *The experience economy*: work is theatre & every business a stage Boston: Harvard Business School Press, 1999.

_____; _____. Satisfaction, sacrifice, surprise. *Strategy & Leadership*, v. 28, n. 1, p. 18-23, 2000.

PORTER, Michael. *Vantagem competitiva:* criando e sustentando um desempenho superior. Rio de Janeiro: Campus, 1989.

_____. Location, competition and economic development: local clusters in a global economy. *Economic Development Quarterly*, Sage Publication Periodicals Press, v. 14, n. 1, p. 15-34, 2000.

POULSSON, Susanne H. G.; KALE, Sudir H. The experience economy and comercial experiences. *The Marketing Review*, Austrália: Bond University, v. 4, p. 267-277, 2004.

PRAHALAD, C. K.; HAMEL, G. The Core competence of the corporation. *Harvard Business Review*, v. 15, n. 1, p. 79-91, maio/jun. 1990.

RABAHY, Wilson Abrahão. *Turismo e desenvolvimento:* estudos econômicos e estatísticos no planejamento. Barueri: Manole, 2003.

REZENDE, Flavio da Cunha. *Por que falham as reformas administrativas?* Rio de Janeiro: FGV, 2004.

SANCHEZ, R.; HEENE, A. Introduction: towards the theory and practice of competence-based competition. In: SANCHEZ, R.; HEENE, A.; THOMAS, H. *Dynamics of competence – based competition*: theory and practice in the new strategy management. Oxford: Pergamon, 1996. p. 1-35.

SCHNEIDER, Sergio. *A pluriatividade na agricultura familiar*. Porto Alegre: UFRGS, 2003.

SCHUMPETER, J. *Can capitalism survive?* Nova York: Harper and Row, 1952.

SEBRAE. *Pesquisa de condicionantes e taxas de mortalidade de empresas no Brasil*, 2003.

SEN, Amartya Kumar. *Desenvolvimento como liberdade*. Tradução Laura Teixeira Motta, rev. téc. Ricardo Doniseli Mendes. São Paulo: Cia. das Letras, 2000.

SENGE, P. *The fifth discipline*: the art and practice of learning organization. Nova York: Doubleday, 1990.

SILVA, Tomaz T.; HALL, Stuart; WOODWARD, Kathryn. *Identidade e diferença:* a persperctiva dos estudos culturais. Tradução e organização: Thomaz Tadeu da Silva. Petrópolis: Vozes, 2004. p. 7-72.

SMITH, A. *A riqueza das nações*: investigação sobre sua natureza e suas causas. São Paulo: Nova Cultural, 1985.

SMITH, Melanie K. *Issues in cultural tourism*. Nova York: Routledge, 2003.

TEECE, D. J. et al. Dynamic capabilities and strategic management. *Strategic Management Journal*, v. 18, n. 7, p. 509-533, ago. 1997.

THOMPSON, E. P. *Costumes em comum*. Rev. téc. Antônio Negro, Cristina Meneguello e Paulo Fontes. São Paulo: Cia das Letras, 1998.

VAN de VEN, Andrew H. *The social psychology of organization*, 2. ed. Reading, MA: Addison Wesley, 1979.

_____. *Measuring and assessing organizations*. Hoboken: John Wiley & Sons, 1980.

VASCONCELOS, F. C.; BRITO, L. A. Vantagem competitiva: o construto e a métrica. *Revista de Administração de Empresas*. São Paulo: FGV, abr./jun. 2004.

VERGARA, Sylvia Constant. *Projetos e relatórios de pesquisa em administração*. 5. ed. São Paulo: Atlas, 2004.

VERMA, R. Unlocking the secrets of customers' choices. *Cornell Hospitality Report*, v. 7, n. 2, jan. 2007.

_____; FITZSIMMONS, J.; HEINEKE, J.; DAVIS, M. New issues and opportunities in service design research. *Journal of Operations Management*, v. 20, n. 2, p.117-120, 2002.

VOVELLE, Michel. Ideologies et mentalités. *Archives des Sciences Sociales des Religions lien*. Paris: Année. v. 54., p. 243-244, 1982.

YIN, Robert K. *Case study research:* design and methods. Newbury Park, CA: Sage, 1989.

WEICK, Karl E.; SUTCLIFFE, Kathleen M. *Managing the unexpected*. John Wiley Trade, 2001.

WOODWARD, Kathryn. Identidade e diferença: uma introdução teórica e conceitual. In:

ZEITHAML, V. A et al. *Delivering quality service – balancing customers perceptions and expectations*. Nova York: The Free Press, 1999.

Sobre o autor

André Coelho é mestre em administração pública pela Escola Brasileira de Administração Pública e Empresas da Fundação Getulio Vargas (Ebape/FGV), com especialização em governança global no Deutsche Institut für Entwicklungspolitik (DIE), pós-graduado em gestão de turismo e hotelaria pela Ebape/FGV e graduado em história pela Universidade Federal Fluminense (UFF). Especialista em turismo da FGV Projetos, atuando em consultoria e projetos para órgãos públicos e privados ligados ao turismo e ao desenvolvimento local. É professor tutor do FGV Online e professor tutor do Observatório de Inovação do Turismo.

Esta obra foi produzida nas
oficinas da Imos Gráfica e Editora na
cidade do Rio de Janeiro